# 帝国と宗教

島田裕巳



講談社現代新書

2708

# はじめに

## 世界の歴史は帝国が作る

現代においては、すでに過去のものとみなされていた「帝国」が新たな装いをもって台頭しているかのように思えます。

そもそも帝国とは、皇帝を頂点として複数の国や民族を支配し、次々に領土を拡大させていく国家のことです。この帝国という観点から現代をみれば、昨今のロシアや中国の姿がオーバーラップします。自国の利益のために周辺地域を平らげ、勢力を拡大させようとする。その振る舞いは、帝国として捉えるべきかもしれません。

ロシアは2022年2月、隣国のウクライナに軍事的な侵攻を仕掛けました。これに先立つ2014年にはウクライナ領だったクリミアが独立し、ロシアに併合されるという事態が起こっています。この動きは、今回のウクライナ侵攻の布石でした。ここ数年の出来事を考えても、ロシアは版図をひたすら膨張させていく帝国ではないか。そうした懸念が生まれています。

一方、中国は1997年にイギリスから返還された香港を特別行政区として取り込み、社会主義と資本主義が併存する「一国二制度」をとってきました。ところが2020年、政府は香港国家安全維持法を制定・施行し、香港を中国の他の地域と同じ社会主義に転換させようと圧力をかけるようになってきました。

やがて中国は台湾に侵攻し、「中国は一つ」を文字通りに実現するのではないか。新疆《しんきょう》ウイグル自治区やチベット自治区の状況を踏まえるならば、経済大国にのし上がった中国が、これから帝国として振る舞っていくのではないか。そうした不安を感じさせるのです。

第二次世界大戦後において覇権国家として君臨してきたアメリカ合衆国は「世界の警察官」としての役割を果たせなくなり、力に翳りが生じています。それでも経済学者の水野和夫などが指摘しているように、アメリカは「金融帝国」として君臨し、ヴァーチャルな電子・金融空間に版図を広げ、莫大な富を蓄積しています。IT技術の進展が、これまでは存在しなかった「新しい帝国」を生み出したのです（水野和夫『資本主義の終焉と歴史の危機』集英社新書など）。

このように、現代においても「帝国」は世界の動向を考える上で欠かせないキーワードです。

そもそも世界の歴史とは、帝国の興亡の軌跡にほかなりません。

古代から地球上には数多くの帝国が生まれ、版図を広げてきました。そして、どの帝国も最終的には滅亡していったのです。

古代においては、アッシリアやアケメネス朝ペルシアの帝国が生まれました。ついでアレクサンドロス大王が登場し、その帝国を広げます。

中国でも古代から中華帝国と呼ばれる帝国が生まれ、さまざまなかたちで発展していきました。やがてその後のヨーロッパの歴史を規定するローマ帝国が生まれます。そしてイスラム教を拡大することになるイスラム帝国が登場し、東の世界と西の世界を一つに結ぶモンゴル帝国も台頭していきます。

大航海時代に入るとスペインやポルトガル、そしてイギリスの各帝国が頭角を現します。他にもアメリカ大陸やアフリカ大陸には、独自の帝国が誕生しました。

## 現代は新たな帝国の時代なのか

私たち日本人も帝国主義の時代には大日本帝国を作り上げました。日本が帝国であったことの名残は、帝国ホテルや帝国劇場に示されています。

東京の地下鉄である東京メトロも２００４年までは帝都高速度交通営団と称しており、政府と東京都が出資する公営の鉄道でした。帝都とは帝国の首都を意味します。

あるいは酒造メーカーの大手であるサントリーが、壽屋《ことぶきや》から社名変更した翌年の１９

64年に1万2000円で発売したウイスキーの名がインペリアル（皇帝、あるいは皇室を意味する）でした。戦前の時代、サントリーは「洋酒報国」を理念として掲げ、戦後も広告には「旗日《はたび》にはきっと日の丸をかゝげましょう」と書き添えられ、国旗掲揚運動を提唱していました。インペリアルという呼び名もそうしたサントリーの社風にもとづくもので、大日本帝国へのノスタルジーさえ感じさせます。

帝国は国家とは異なるものです。帝国とは、まるでそれが本能であるかのように領土を広げていきます。それが帝国の本質なのです。

大日本帝国の版図が最大に広がったのは太平洋戦争がはじまって間もない1942年のことで、740万㎢に及びました。実に世界の総面積の6・32％を占めるまでに至ったのです。

これはササン朝ペルシアの版図に匹敵します。ちなみにローマ帝国は650万㎢、オスマン帝国は520万㎢。つまり大日本帝国は古代ローマ帝国やオスマン帝国よりも版図を広げたのです。

今、国境を越えるためには国籍を持っている国家の発行する旅券（パスポート）を携行する必要があり、相手国からも査証（ビザ）を得なければなりません。観光のための「ビザなし渡航」も可能にはなってはいますが、基本的にパスポートもビザもなしに海外に渡ることはできません。

その点、いちど帝国が形成されれば、人々はその版図内を自由に行き来することができます。昔ならば観光よりも商売のために移動する人々が多かったわけですが、一つの帝国は一つの商業圏を形成し、経済を活性化させることに結びついていきました。

大日本帝国が存在した時代、傀儡《かいらい》政権であった満州帝国や中国本土は「外地」と呼ばれていました。それに対して国内は「内地」です。内地で何か問題を抱えている、あるいは内地での生活に満たされないものを感じている人間たちは、外地に新たな可能性を見出そうとしました。そうした人々の心性を印象的な形で描き出したのが、戦前に新感覚派の作家として活躍した横光利一《よこみつりいち》の長編小説『上海』（岩波文庫）です。

私たち日本人のなかに帝国へのノスタルジーがあるとしたら、こうしたことがかかわっているのかもしれません。より広い世界を自由に行き来したい。そんな思いが、かつての帝国を、実情とは異なるものとしてかもしれませんが、美化することにも結びついていくのです。

帝国について考えていくならば、それぞれの帝国において宗教が極めて重要な役割を果たしたことがわかってきます。

それは本書に登場するローマ帝国や中華帝国、イスラム帝国でも同様でした。詳しくは順を追って見ていきますが、世界の歴史の中で帝国は宗教を利用し、そして宗教も帝国を利用してきたのです。帝国と宗教は、利用し、利用され、ときに反目し合い、共生と緊張の関係をくり返してきました。

では、本題に入る前にこの本の見取り図を示しておきましょう。

本書では前半にヨーロッパのローマ帝国、次いで東アジアの中華帝国、その中間に位置する中央アジアのイスラム帝国とモンゴル帝国の歴史を地域別に詳述します。後半ではビザンツ帝国とオスマン帝国の首都だったコンスタンティノープル（現在のイスタンブール）を軸にして帝国と宗教の変遷を追い、最後にスペイン帝国やポルトガル帝国など大航海時代以降の「海の帝国」について考えていきます。

第1章では本書を読み進めていく基本的な認識を共有できるように、そもそも帝国とは何であるのかについて考察します。帝国はなぜ、どのような背景で生まれたのか。王国や共和国との相違点や共通点はあるのか。そして、帝国の中で宗教はどのような役割を果たしたのかを見ていきます。

第2章以降は、各論です。

第2章ではローマ帝国とキリスト教を取り上げます。西洋の歴史の中でローマ帝国は特別な意味を持っています。ヨーロッパ人にとって帝国といえばローマ帝国なのです。最初、ローマ帝国においてキリスト教は迫害されていましたが、やがては国教の位置を占めるようになり、広大なローマ帝国を統治する上で重要な役割を担うようになります。ローマ帝国がどのようにして誕生し、キリスト教がどうやって国教としての位置を獲得したのかを、395年の東西ローマ帝国分裂まで時間軸に沿って詳述します。

第3章では西洋から東洋に目を転じて、中華帝国の歴史を振り返ります。現在の中華人民共和国の原型は紀元前905年に誕生した秦にもとめることができます。それ以来、中華帝国は統一と分裂を繰り返し、王朝の交代を伴いながら版図を拡大させてきました。そこに西洋の帝国との性格の違いがあります。宗教については道教と儒教、インドから伝来した仏教がどのように帝国の形成と衰退にかかわったのかを考えます。

第4章では西洋と東洋の狭間における帝国の歴史を紐解きます。扱うのはイスラム帝国とモンゴル帝国です。イスラム教はキリスト教に並ぶ世界宗教ですが、イスラム帝国の発展とイスラム教の信者拡大の動きは常に密接に結びついてきました。イスラム帝国では、帝国の拡大がイスラム教の信仰世界の拡大に直結しました。イスラム教の信仰を広めるためにイスラム帝国が生まれたといっても過言ではありません。

一方、一時は世界の陸地面積の17%を支配したのがモンゴル帝国です。モンゴル帝国は特定の宗教との結びつきが強くはありません。モンゴル帝国が広がることで、新しい宗教がその版図に広がったわけではないのです。むしろ、モンゴル帝国は既存の宗教を採り入れることで、帝国の維持にそれを活用していきました。

第5章では西洋と東洋が交わる都市コンスタンティノープルを舞台に、そこに広がった正教会の信仰について見ていきます。ローマ帝国は395年に東西に分裂し、コンスタンティノープルを首都としたビザンツ帝国が栄えたわけですが、そこから正教会の信仰はロシアに広がります。しかし、同じキリスト教であるはずのカトリックが派遣した十字軍による攻撃もあり、ビザンツ帝国は滅びてしまいます。第6章では、ビザンツ帝国を最終的に滅亡に追いやるオスマン帝国について扱います。オスマン帝国は、イスラム教スンニ派の帝国として20世紀初頭まで存在感を示し続け、ヨーロッパにとっては脅威となる存在でした。その統治のあり方はいかなるもので、イスラム教はそこでどのような役割を果たしたのでしょうか。これと対照的なのが、少数派のイスラム教徒が多数派のヒンドゥー教徒を支配しようとしたムガル帝国であったということになります。

第7章では、「海の帝国」という視点から世界史を見ていきます。15世紀の大航海時代のはじまりから、スペインやポルトガルがどのようにして「海の帝国」として君臨したのか、そしてヨーロッパ人のアメリカ大陸への入植から、宗教がどのように新大陸に入っていったのかを見ていきます。

このように本書ではさまざまな時代における「帝国と宗教」の歴史に迫ります。そうすることで、私たちがいま生きているこの世界がどのように形成されたのかについての理解がいっそう深まるはずなのです。

目次

# 第1章　帝国と宗教はどう結びつくのか

## 帝国の「定義」とは

そもそも、「帝国」とはどういうものなのでしょうか。帝国ということばを『広辞苑（第5版）』で引いてみると、「皇帝の統治する国家」と出てきます。

実際、歴史上に現れた帝国を考えれば、それぞれの帝国には皇帝という支配者がいて、帝国全体が統治されています。ローマ帝国もそうですし、中国に現れたさまざまな帝国も、その頂点に皇帝を戴いていました。一時のフランスのように皇帝が君臨しなかった帝国も存在しますが、あくまでも例外です。これまで、ほとんどの帝国は皇帝によって統治されてきました。大日本帝国も（皇帝とは呼ばれませんでしたが）天皇が帝国統治の中心に位置づけられていました。

帝国ではない国家のあり方としては、王国、公国、共和国などがあります。近代以降になると、共通の言語や文化を持った「国民国家」というあり方が世界全体に広がっていきますが、すべてが共和国の形態をとったわけではありません。現在でも数多くの王国や公国が存在しています。たとえばヨーロッパならばオランダやベルギー、スペインや北欧の諸国が王国です。

イギリスは現在、「グレートブリテンおよび北アイルランド連合王国」と呼ばれますが、日本では大英帝国という呼称も用いられてきました。２０２２年9月に70年在位したエリザベス2世が亡くなりましたが、彼女はイギリスだけではなく、連合王国に属する各国の君主でもありました。アジアにもカンボジアやタイのような王国がありますし、中東やアフリカにも王国はあります。

では、王と皇帝の違いはなんでしょうか。区別が難しい面もありますが、一つの民族によって構成された国家の統治者が王であり、複数の国家を同時に支配するのが皇帝となります。また、皇帝と王を「血縁」という視点で区別する基準もあります。王は英語で「king」と言いますが、語源は古ゲルマン語の「kuni」です。「kuni」は血族や血縁を意味するので、その文脈に従えば、王とは血縁によって受け継がれた統治者になります。

日本の天皇は皇帝と等しいものとしてとらえられていますが、大日本帝国の時代を除いて、複数の国家を統治していたわけではありません。

天皇は「万世一系」で受け継がれてきたことが建前になっていますから、その点では本来ならば王にあたります。しかし古代においては中国の皇帝に対抗し、皇帝と平等であると主張するため天皇の称号が使われました。その点では、日本の天皇は皇帝として位置づけられてきたのです。このように王と皇帝は基本的な性格を異にしながら、状況によって重なり合うこともあるのです。

また、帝国という場合、皇帝を戴く以外にもう一つ大きな特徴があります。帝国は、隣接する別の帝国ないし王国とのあいだのどこに境界線を引くのかがはっきりしないのです。つまり領土の範囲が曖昧だとも言えます。それぞれの帝国は本能であるかのように版図を広げていきますが、中央の権力がどこまで及んでいるのかは明確に画定できないケースも多く見られるのです。

しかも帝国は急速に拡大していくことが多く、版図のなかに含まれる地域には独自の統治の仕組みを持つ地方政権が残り、異なる宗教が共存します。そうなると帝国の中央権力も、地方政権や宗教を通して間接的な支配を行うことになってきます。

その結果、それぞれの帝国のなかに混沌とした世界がくり広げられることになります。多様な民族と宗教が混じり合い、一つには統合されないのです。これが帝国の本質です。それはイスラム帝国においてさえ同様でした。イスラム勢力に支配されるようになったからといって、その版図のなかで生活する人々がみなイスラム教に改宗したわけではないのです。

日本の場合、大日本帝国として版図を拡大し海外に植民地を広げていった過去がありますか。しかし、他の帝国によって支配された経験はありません。太平洋戦争に敗れることで連合国の占領下におかれましたが、あくまで間接統治であり、しかも7年で終わりました。その間、日本政府も存在したわけですから、別の国家、帝国によって支配されたとは言えません。

鎌倉時代にモンゴル軍が高麗軍とともに攻め入ってきた「元寇《げんこう》（蒙古襲来）」の際、もし日本が戦いに敗れていたら、モンゴル帝国の支配下におかれていたはずです。そうなれば、日本の歴史も大きく変わっていたことでしょう。モンゴルに支配されれば、モンゴル人をはじめ多くの外国人が国内に流入してきます。たとえすぐにモンゴルの支配から脱したとしても、影響は残るはずです。少なくとも一度は支配されたという経験がトラウマとなり、後世に影響を与える可能性があります。

## いくつもの帝国により分断されたウクライナ

日本と対照的なのが、今回、ロシアの侵攻を受けたウクライナです。

ウクライナでは9世紀末にキーウ（キエフ）公国が成立しますが、13世紀のモンゴル帝国の侵攻を受け、１２４０年に滅亡してしまいます。これは最初の元寇である文永の役の34年前のことでした。

その結果、ウクライナの大半はモンゴル帝国の一つ、キプチャク・ハーン国の支配下におかれました。キプチャク・ハーン国は16世紀のはじめに滅びますが、今度はポーランド王国によって支配されるようになり、ウクライナの人々は農奴としてポーランド貴族に隷属することになりました。

その後、南ロシアから発した武装騎馬民のコサックがウクライナの兵士としてポーランドやロシアと戦いますが、そこにはキプチャク・ハーン国から分国したクリム・ハーン国やオスマン帝国がからんできます。18世紀にはウクライナの東半分はロシアによって、西半分はポーランドによって支配されていましたが、ポーランド自体がロシア、プロイセン、オーストリアによって分割されたため、ロシアの支配する領域が広がり、一部はオーストリアの支配下におかれました。

19世紀後半になるとウクライナでも民族としての自覚が生まれ、独立への気運が高まります。しかしロシアで革命が起こると、ソ連に組み込まれて完全な独立は果たせませんでした。さらにその後、熾烈を極めた独ソ戦（１９４１年から１９４５年）の最前線となり、この戦争でもっとも多くの人的、物的被害を被ることになります。ウクライナがようやく独立を果たすのは、１９９１年にソ連が解体されてからのことになります。

このように、ウクライナの歴史は日本とは大きく異なります。ウクライナにはさまざまな帝国が侵攻してきて、独立することもままなりませんでした。日本が古代から一つの国家として独立を保ってきたのとは状況がまるで違うのです。しかし世界全体を眺めてみると日本が例外なのであって、ほとんどの国はさまざまな帝国によって支配された歴史を持っています。世界は帝国の侵攻という嵐をくり返し経験してきたのです。

では、なぜ帝国は生まれ、興亡の歴史をくり返してきたのでしょうか。

帝国が生まれる必然性は、19世紀後半以降の帝国主義の時代を考えてみれば明らかになります。この時代、先進諸国は、それぞれが海外に植民地を広げていきましたが、その目的は、経済の発展です。植民地にはエネルギー資源や土地固有の産物があるわけで、そうした資源を支配下におくことで自国の経済を支え、それを発展させていくことをめざしたのです。

この傾向は、古代に遡ればよりはっきりとします。

現代は技術革新や経済政策など、多種多様な形で経済を発展させる手立てがあります。ところが古代においては、そうした手段をとることができません。だから領土を拡大し、より多くの場所から税金を徴収することで経済を盛んにするしかありませんでした。そこに帝国を拡大していく根本的な動機がありました。それぞれの帝国は、いかに制圧した土地から税金を徴収していくのか、そのシステムを作り上げることに腐心したのです。

## 中世シチリア王国が帝国に発展しなかった理由

この点は、逆にもともと経済的に豊かであったがゆえに、帝国に発展しなかった国の例を見ることでより鮮明になります。その最たる例が中世のシチリア王国です。

シチリアはイタリア半島の西南に位置する島で、地中海の中央に位置しているため、これまで要衝としてさまざまな勢力が進出してきました。

現代では、シチリアはイタリアのなかでも貧しい地域とされています。そのイメージを作り上げる上で、映画『ゴッドファーザー』が果たしてきた役割には大きなものがあります。なにしろ映画の主人公であるドン、コルレオーネの一族は、シチリアからアメリカへの移民だったからです。

移民が生まれるのは、その人々の住んでいた国や地域が貧しいからです。彼らは豊かさを求めて、より経済が発展している国や地域に移っていきました。『ゴッドファーザー』にはコルレオーネの一族が故郷に帰郷してきたときのシーンも登場しましたが、シチリアには今でも、貧しい人々の住むスラムが存在しています。

今のシチリアは新しい建物が建ち並ぶ新市街地と、歴史的な建造物とスラムが併存する旧市街地に分かれています。旧市街は治安が悪く、観光客は盗難の被害にあわないよう注意しなければなりません。ただ、旧市街に歴史的な建造物が残されているのは、かつてシチリアが繁栄していたからにほかなりません。

古代シチリアはギリシャやアフリカの北部を中心として栄えたフェニキア人のカルタゴ

によって支配され、ローマ帝国が版図を広げた時代には、その属州となります。ローマ帝国の東西への分裂後には、ビザンツ帝国の支配下におかれます。

ところが、9世紀にはアラブ人のアグラブ朝によって支配されます。そして11世紀になると北方からやってきたノルマン人がシチリア島を支配するようになり、ノルマン・シチリア王国が誕生します。

そうした経緯があったために、シチリアでは、アラブ人のイスラム教徒、ビザンツ帝国から来た東方正教会の信者、そしてラテン系のカトリック教徒が共存して生活する状況が生み出されました。

当時のシチリア王国は南国の花が咲き乱れ、珍しい果物が実る豊かな土地でした。イベリア半島に住んでいたイスラム教徒のイブン・ジュバイルという人物は、12世紀の終わりにメッカ巡礼を果たした際にシチリアも訪れていて、『イブン・ジュバイルの旅行記』（藤本勝次、池田修監訳、講談社学術文庫）で、その様子について記しています。

イブン・ジュバイルは、シチリアのマッシーナという街はキリスト教徒の商人街であるとし、「そこに居住するムスリムは誰もいない。十字架の崇拝者たちがいっぱい」だと忌々しげに述べています。ただ一方で、「島の豊饒さは筆舌に尽くし難く、耕作地の広さ、土壌の肥沃さ豊かさ、種々の作物で満ち、いろいろな種類や品種の果実が溢れている」と驚嘆しています。

実は、当時のシチリアの豊かさは、イスラム教徒がもたらしたものでした。高山博『中世シチリア王国』(講談社現代新書)では、シチリアで多彩な作物が生産されていた背景には、イスラム教徒によって導入された優れた灌漑《かんがい》施設があったとされています。それはペルシア起源の高度なサイフォン技術に支えられたものでした。

イスラム教徒がシチリアに移ってきたとき、こうした灌漑技術だけではなく、レモン、ダイダイ、綿、桑、ナツメヤシ、ウルシ、ピスタチオ、パピルス、メロン、稲、サトウキビなどの作物ももたらされ、養蚕の技術も導入されました。いずれも重要な作物でシチリアの暮らしを一変させたのです。

しかしその後、王朝が交代すると、2万人ほどいたイスラム教徒はイタリア半島のルチェーラに移住させられます。イスラム教徒がシチリアから去ったことで、多様で稔り豊かな作物も失われてしまいました。

中世のシチリアは北方のノルマン人が支配していました。彼らは強力な武力を持っていたので、外の世界へ侵攻し「シチリア帝国」を築き上げていくこともできたはずです。しかし、移住してきたイスラム教徒によってすでに豊かさが実現されていましたから、ノルマン人にとって帝国として領土を拡張していく必要性がなかったのでしょう。その結果、シチリア帝国は生まれず、イスラム教徒がこの地を離れたことで次第に国力が失われていきました。もしシチリアが豊かさを保持し続けたとしたら、コルレオーネのような一族が貧しさから脱却しようとアメリカへ移民し、マフィアとなることもなかったかもしれません。そうなれば、『ゴッドファーザー』も生まれなかったのです。

### 世界宗教と民族宗教

この本のタイトルにもかかわる決定的に重要なポイントですが、なぜ宗教は帝国とかかわりを持っていくことになるのでしょうか。

そもそも宗教といっても、さまざまなものがあります。宗教学の世界では、「世界宗教」と「民族宗教」の二分法がよく用いられます。

世界宗教は文字通り世界全体に広がった宗教のことで、キリスト教やイスラム教、仏教があげられます。日本では、この三つの宗教をさして「世界の三大宗教」と呼ぶことが一般化しています。

それと対比されるのが民族宗教です。こちらは、特定の国や民族のなかでだけ信仰される宗教をさします。ユダヤ教やヒンドゥー教、儒教や道教、日本の神道などが民族宗教です。ただ、一口に民族宗教と言っても、かなりの違いがあることも見ておかなければなりません。

たとえばユダヤ教とヒンドゥー教を比べてみると、そのあり方は大きく異なります。ユダヤ教の信者数は、世界全体を合わせても１４００万人程度です。それに比べてヒンドゥー教の信者は11億人を超えています。

しかもヒンドゥー教徒の大半がインド国内に生活しているのに対して、ユダヤ教徒は戦後になるまで自分たちの国を持たなかったこともあり、世界中に散っています。イスラエルが建国されることで同国に移住するユダヤ教徒が増え、今では６００万人を超えています。それに次いでユダヤ人が多い国がアメリカで、５５０万人程度が生活しています。アメリカのユダヤ人は東部、特にニューヨーク周辺に多いのですが、地域共同体を形成しているわけではありません。

ユダヤ教徒は国を失い、長く「離散（ディアスポラ）」の境遇におかれてきました。しかもナチスによるショア（大量虐殺）だけではなく、移住したさまざまな地域で迫害や虐殺にさらされてきました。

## 王により搾取され利用されたユダヤ人

たとえばイギリスにおいても、ユダヤ人は王によっていいように利用されていました。

かつてのユダヤ人はキリスト教世界では卑しい職業としてみなされていた商業や金融の世界にしか活路を見出すことができませんでした。彼らは限られた職業の中で仕事に邁進し、富を築き上げていったのです。

それに目をつけたのがイギリスの王でした。王宮の近くにユダヤ人を住まわせて、「保護」を大義名分にしてユダヤ人から税金という形で財産を吸い上げたのです。ユダヤ人に対してだけ課せられる「恣意税」までありました。しかも王は、ユダヤ人から搾り取るだけ搾り取った後、税をとれなくなったら国外に追放してしまったのです。

これだけでも十分にひどい話ですが、追放されて以降も高い医療技術を持ったユダヤ人医師だけは入国を許されました。要するにイギリス側の都合が常に最優先されたわけです。その後、多くのユダヤ人の再入国が許されたのは、1649年にクロムウェルが政権の座について以降です。これも結局、自国の経済を支えるためユダヤ人の力が必要とされたからでした。

そんな悲惨な歴史を持つユダヤ人ですが、彼らが安穏な暮らしを享受できた地域、時代もありました。世界中でイスラム帝国が広がった時代です。

イスラム教は、もともと商人であったムハンマドが開いた宗教であり、キリスト教とは異なり、商売を蔑視する考え方がまったくなかったからです。イスラム帝国においては、ユダヤ人が商業活動を行っても差別されることはありませんでした。

しかも、イスラム帝国には異教徒と共存するシステムが作り上げられていましたから、ユダヤ人は自らの信仰を捨てることなく活動を続けることができたのです。

## インドの宗教事情

さて、ここでインドの民族宗教であるヒンドゥー教についてもふれておきましょう。ヒンドゥーということばは、もともと「シンドゥー」というペルシア語に由来します。その意味は、「ペルシアの側から見てインダス川の対岸に住む人々」というものでした。インドの人々がみずからヒンドゥーと名乗ったわけではないのです。それは、バラモン教や仏教といったことばについても言えます。いずれも近代になってヨーロッパの人々が命名したものでした。

そこにインドに生まれた宗教の特徴が示されています。インドの人たちには、自分たちが独自の宗教を信仰している自覚がありませんでした。外側から言われて、はじめて自分たちの宗教性を自覚するに至ったのです。したがってヒンドゥー教という宗教が存在するのかどうかも、判断が難しいところです。インド各地で行われてきた宗教的な実践や儀礼、祭礼全体をひとまとめにしてヒンドゥー教と呼んでいるだけで、組織化はされていないからです。

そんな中、11世紀以降に中央アジアを経由してインドにイスラム教が採り入れられました。イスラム教はインドにおいて勢力を拡大し、北インドのデリーを中心としていくつかのイスラム王朝が成立します。そして16世紀のはじめにはトルコ系のイスラム王朝、ムガル帝国が生まれ、ほぼインド全体を版図におさめることになります。

パキスタンとバングラデシュは、インドでイスラム教徒が多く住んでいる地域が第二次世界大戦後に独立して生まれた国です。パキスタンの人口の97％がイスラム教徒で、信者は2億1０００万人を超えます。バングラデシュも人口の90％がイスラム教徒で、信者は1億5０００万人になります。インド国内にも1億8０００万人のイスラム教徒がいるとされていますから、インド周辺のイスラム教徒の数は5億4０００万人にもなります。このようにムガル帝国に代表されるイスラム帝国は、インドにイスラム教を根づかせることに貢献したのです。

ではなぜ、インドにおいてイスラム教がそれほどの広がりを見せたのでしょうか。

そこにはインド特有の社会構造がかかわっています。インドにはカースト制度が存在します。このカースト制度は、インド国内では「ヴァルナ」と「ジャーティ」と呼ばれています。ヴァルナは人々をバラモン、クシャトリヤ、ヴァイシャヤ、シュードラの4つの階層に分けるものです。バラモンは僧侶、クシャトリヤは王族や武人、ヴァイシャは一般の庶民、そしてシュードラは隷属民です。

こうした身分階層は近世の日本に見られるもので、今では「士農工商」と呼ばれていますが、このことばは近代に入ってから生まれたものです。江戸時代に、武士と、それ以外の階層とは帯刀できるかどうかで明確に区別されていましたが、農工商のあいだには上下関係はありませんでした。武士にしても、その身分を失うことがありましたし、一般の庶民が武士に取り立てられることもありました。

インドでもヴァルナには流動的な部分があり、むしろジャーティの方が、社会生活を送る上で重要なものになっています。というのも、どのジャーティに属するかで就ける職業が変わるからです。しかも同じジャーティに属する者同士で結婚するので、それは世襲され、固定化されています。

農村のような共同体のなかには、いくつものジャーティがあって、分業体制が作り上げられています。そこにヒンドゥー教の教えにもとづく浄、不浄の観念がかかわってきて、異なるジャーティに属する人間とのあいだでは、食事もともにしないし、水のやりとりもしないとされています。

さらにジャーティのなかでは、汚物の清掃人や洗濯人のように、低い地位におかれる場合があります。そうしたジャーティに属する人間は「不可触民」として差別されます。

インドで仏教が生まれ信者を増やしていったのも、カースト制度から逃れたいという人たちがいたからです。仏教では世俗の価値が否定され、僧侶は出家することになります。仏教の僧侶はバラモンとは異なり、社会制度の外側に位置することになるのです。

ただ、インドでやがて仏教が消滅してしまうのは、誰もが僧侶になるわけにはいかないという問題があったからでしょう。仏教の開祖とされる釈迦には、家族を捨てて出家したという伝承がありますが、一般の庶民は職業に励み、子どもを育て上げなければならない義務を負っています。ですから、釈迦のように勝手に出家するわけにはいかないのです。

その点、イスラム教は神のもとにおいてあらゆる人間は平等であるという教えを説きます。実際、イスラム教徒に身分の上での差はありません。ローマ教皇を頂点に聖職者と俗人とを明確に区別するカトリック教会のようなピラミッド構造は、イスラム教にはまったくありません。

インドの人々がヒンドゥー教以外の宗教を選択するに際しては、カースト制度から離脱したいという明確な目的があったのです。だからこそイスラム教はインドを中心とした地域に急速に広がり、国家を分割させるまでの影響を与えたのです。

宗教にはさまざまな機能がありますが、社会とのかかわりということでは、二つの主な機能があると考えられます。

一つは社会秩序を維持する機能で、もう一つは社会秩序に反抗する機能です。社会が円滑に機能していれば宗教はそれを支える役割を果たせばいいわけですが、社会が大きな問題を抱えるようになると、それぞれの宗教の教えや倫理に従って、社会を批判し、権力のあり方を否定するようになっていきます。

そうした宗教の機能は帝国との関係においても見られるもので、宗教はときに帝国を支え、その拡大に貢献する一方で、帝国が大きな矛盾を抱えるようになれば、反抗し、帝国の秩序を揺るがすのです。その意味で、帝国と宗教は経済発展と信者獲得というそれぞれの思惑を持ちながら共生し、状況によっては敵対して緊張関係に陥るといえます。

つまり帝国はその領土拡大と経済発展のために宗教を利用し、また宗教も新たな信者を獲得するため、帝国を利用したのです。その意味で帝国と宗教は相互に関係し、影響しあって今日まできました。

西洋において帝国と宗教が深く結びついた例といえば、なんといってもローマ帝国とキリスト教です。次章では西洋における帝国の歴史を振り返りつつ、ローマ帝国の出現とキリスト教との関係について見ていきましょう。

# 第2章

# なぜローマ帝国はキリスト教を国教にしたのか

## ローマという都市が持つ特別な意味

オードリー・ヘプバーンが映画ではじめて主役をつとめた『ローマの休日』は、映画史に残る傑作です。私は、この作品を幾度となく観ています。この映画が、幼さの残るアン王女が、たった一日のローマでの休日を経験することで立派な王室のメンバーに成長していく「通過儀礼」を扱ったものだからです。私は通過儀礼にこそ宗教の本質が示されていると考えてきました。

この映画の最後の場面は王宮での記者会見です。ある記者から今回の訪問地で一番印象に残っているのはどこかと聞かれたアン王女は、最初、「いずれのところも……」と曖昧な答えをしようとしましたが、突然、「ローム（Rome）」と答えます。ローマのことです。

王女として制約の多い生活を送ってきた彼女にとって、ローマの街中で経験したことはどれも新鮮でした。おそらくはじめてと思われる異性とのキスまでしたわけですから、印象に残らないはずはありません。

しかも、記者会見が行われているのはかのローマなのです。もしこの映画のロケ地がローマではなく、ヨーロッパの別の都市であったとしたら、こうしたシーンは生まれたでしょうか。パリやロンドンでは、こうはならなかったはずです。というのも、ヨーロッパの世界においてローマという都市は極めて特殊なものであり、その存在感は際立っているからです。

現代においてはパリの方がおしゃれで文化的であり、ロンドンの方が経済的に重要かもしれません。それに比べれば、ローマは経済が堅調とは言えないイタリアの首都ですから、重要性では劣ります。

しかし、ローマはローマ帝国の首都でした。ヨーロッパにおいてローマ帝国は特別な意味を持っています。ローマ帝国が東西に分裂し、西ローマ帝国はすぐに滅びますが、東ローマ帝国はビザンツ帝国となりました。ビザンツ帝国が消滅した後には神聖ローマ帝国が生まれます。「第二のローマ」、「第三のローマ」と称する都市が生まれていったところにも「ローマ」という名の重要性が示されています。『ローマの休日』でも、ローマ帝国の遺跡がいくつも登場します。

ローマはそれだけ特別な都市で、高いブランド価値があるのです。それを反映し、「ローマ理念」という概念まで存在します。辞書では「古代ローマ帝国の『ローマ』の名に、普遍的・恒久的な支配や文明・秩序を象徴させる思想」(『日本大百科全書』小学館、後藤篤子執筆)と説明されています。それはローマの人々にとってだけではなく、ローマを名乗る帝国や都市に生きる人々にとってのアイデンティティーの基盤になるもので、理想の都市、さらに言えばユートピアという意味合いも含まれてきました。

日本でそれに匹敵することばがあるとすれば、「大和《やまと》」でしょうか。大和、倭は日本の古い呼び名であり、そこからは日本独自の精神として「大和魂」ということばが生まれました。大和魂は日本だけのものですが、ローマ理念の場合には、イタリアだけではなくヨーロッパ全体で共有されてきました。

モスクワなどは随分と遅れて発展した都市ですが、「第三のローマ」と称することでキリスト教の正統的な信仰を継承していると主張しました。「第二のローマ」とされたビザンツ帝国の首都、コンスタンティノープルが滅びた後、そこから東方正教会の信仰を受け継いだ自分たちこそが特別な存在なのだと訴えるようになったのです。

## ヨーロッパやアメリカのルーツ

ヨーロッパの人々にとって「帝国」といえばローマ帝国です。ヨーロッパも、さまざまな民族の襲来を受け、くり返し異なる帝国の支配を受けてきました。その分、自分たちのルーツをどこに求めるかが課題になってきたわけですが、ヨーロッパのルーツとして常に持ち出されるのがローマ文明であり、それに先行するギリシャ文明です。ヨーロッパはギリシャ・ローマから発しているというわけです。その感覚は、さらに遅れて国家が形成されたアメリカ合衆国にさえあてはまります。ギリシャ・ローマはアメリカからはるか遠隔の地にあるわけですが、アメリカ文化の根本がギリシャやローマに求められているのです。それは、「リベラル・アーツ」と呼ばれるアメリカの大学の教育理念を支えるもので、そこではギリシャ・ローマの古典を学ぶことになります。

とはいえ、ローマ帝国が世界の歴史上最初の帝国というわけではありません。世界で最初の帝国と考えられるものとしては、アッシリア帝国があります。ティグリス・ユーフラテス川の流れるメソポタミアとナイル川の流れるエジプトに版図を広げた帝国で、領土を拡張しはじめたのは紀元前8世紀の中頃と考えられています。

ただし、最初の世界帝国はアケメネス朝ペルシアではないかという説もあります。これは阿部拓児《たくじ》『アケメネス朝ペルシア　史上初の世界帝国』（中公新書）で述べられていますが、アッシリアはエジプトを征服したものの、実効支配できなかったのに対して、アケメネス朝はアジア、アフリカ、ヨーロッパの三大陸にまたがっていたというのです。アッシリアとアケメネス朝とを比較した場合、後者の方が版図は広く、そのなかにアッシリアも含まれています。後述するアレクサンドロス大王の帝国もアケメネス朝と版図が重なり合っていますから、この三つの帝国は連続性があると考えられます。

みなさんも聞いたことがあるかと思いますが、「オリエント」ということばがあります。

これは西洋に対比される東洋全体をさすこともありますが、古代のエジプト・メソポタミアをさす方が一般的です。要するに、ここでふれた三つの帝国はオリエントの帝国と見ることができるのです。

ローマ帝国と宗教との関係を見ていく場合にも、このオリエントという視点を考慮することが重要になってきます。なぜならキリスト教が広がる前のローマ帝国では、オリエントと似た形で宗教が機能していたからです。オリエントのあり方を知ることで、ローマ帝国と宗教のかかわりがより鮮明に浮かび上がってくるはずなのです。

なぜ、オリエントという見方が重要になってくるのか。そのあり方を、アケメネス朝を中心に考えてみましょう。

## アケメネス朝における宗教の機能

アケメネス朝を開いたのはアンシャン王キュロス2世です。キュロス2世はメディア王国とリュディア、そして新バビロニアを滅ぼした後、息子であるカンビュセス2世に跡を継がせます。そのカンビュセス2世がエジプトを併合することで、オリエント全体を統一します。

その後、ダレイオス1世という人物が台頭し、アケメネス朝を支配します。注目すべきは、ダレイオス1世がカンビュセス2世との血のつながりを偽装するために、アケメネスという始祖を捏造した可能性が高いということです。

ダレイオス1世が現れる以前には、王朝の名となるアケメネスという言葉は存在しませんでした。アケメネスという家名は、ダレイオス1世が即位した後、イラン西部のベヒストゥーン山の磨崖壁に刻まれた碑文にはじめて登場します。このベヒストゥーン碑文には、「王ダーラヤワウは告げる、余に帰属したこれらの邦々――アウラマズダーの御意によって余はその王となった」（伊藤義教『古代ペルシア』岩波書店）と記されています。ダーラヤワウはダレイオス1世のことで、彼はアウラマズダーの意志に従って王となったというのです。

アウラマズダーは、一般にアフラ・マズダーと呼ばれ、古代ペルシアに生まれたゾロアスター教の最高神です。ということは、ゾロアスター教はアケメネス朝の国教であった可能性が浮上します。ところが、そこには複雑な問題がからんでいます。

私がペルシア・イランの宗教の重要性に気づいたのは30年以上前、世界的な宗教学者ミルチア・エリアーデの遺作『世界宗教史』（全4巻、筑摩書房。のちにちくま学芸文庫、全8巻）の翻訳の作業にかかわったときのことでした。

世界の宗教といえば、東の仏教や儒教、道教、西のキリスト教やイスラム教が対比されます。そんな中でペルシア・イランの宗教、つまりゾロアスター教やマニ教は東西の中間に位置しています。そのため東西双方の宗教から影響を受け、同時に影響を与えています。その意味で、ゾロアスター教とマニ教は重要な宗教なのです。

## 謎の多いゾロアスター教の実像

ただしゾロアスター教については、エリアーデが『世界宗教史』の文庫版第2巻で述べているように、実像ははっきりしません。ゾロアスター教の開祖となるザラスシュトラ（ゾロアスターは英語からの転写）が生きた年代からして、紀元前1000年から紀元前600年のあいだと漠然としています。しかもザラスシュトラの教えを記した聖典の「アヴェスター」は難解で、時代が進むにつれて教え自体が変化していくのです。

そこで注目されるのが前述のベヒストゥーン碑文に刻まれた絵です。そこではダレイオス1世が偽の王を踏みつけ、反乱者たちの首に縄をかけている場面が描かれています。その上に左半身だけを見せ、右手を上げ、左手で輪を持ち、輪からは縄のようなものが伸び、それがからだに巻かれている人物が浮遊しています。からだの真ん中には、薪を束ねたようなものが突き出ています。それは翼のように見えるため、「有翼円盤人物像」と呼ばれています。

ダレイオス１世がゾロアスター教を信仰していたとするなら、この浮遊している人物は主宰神のアフラ・マズダーになります。ですが、ゾロアスター教の伝統では神の姿は描かないとも言われます。これは、さまざまな宗教に見られる「偶像崇拝の禁止」にあたります。

アフラ・マズダーでないとしたら、これは何でしょうか。これについては不明な点も多く、まだ謎は解き明かされていません。とはいえ、有翼円盤人物像が一般の人間とは異なる存在であることは間違いありません。しかも、それは王の権威を象徴している、あるいは、王に権力を授けているようにも見えます。阿部は、この点について「ダレイオスのレリーフを見た者は、有翼円盤人物像に各自にとっての主神を当てはめ、ダレイオスへの王権授与を理解することが求められたのだろう」という見解を示しています（前掲『アケメネス朝ペルシア』）。

これは帝国と宗教の関係を考える上で重要な点です。というのも皇帝や王といった支配者が君臨するためには、その権威を、誰が、どのように保証するかという問題が常に浮上してくるからです。

皇帝や王は軍事力によって支配者の地位にのぼりつめるわけですが、なぜ支配者にふさわしいのか、その根拠を示すことが求められます。その際に決定的な役割を果たすのが宗教です。王に権力を与えているかのように見える有翼円盤人物像は、古代のオリエントにおいてまさにその役割を果たしていたと考えられます。

つまり帝国の覇者たる皇帝は、その権力を正当化するために宗教を利用したのです。アケメネス朝は宗教的に寛容だったという説があります。それは、『旧約聖書』の「エズラ記」や「ネヘミヤ記」にもとづく見解です。そこにはペルシアの王たちが登場するのですが、キュロス2世などはユダヤ人をバビロニア捕囚から解放し、信教の自由を認めたとされています。

## 『旧約聖書』に描かれたユダヤ人の歴史

『旧約聖書』をどういうものとしてとらえるかは難しい問題です。そこにつづられているのはユダヤ人の経てきた歴史になるわけですが、他に同時代の史料が存在しないので、書かれていることが事実なのか判別は困難です。ところが、史料が不足している以上、この時代の歴史を描くために『旧約聖書』に頼らざるを得ない面があります。高校の「世界史」の教科書でモーセが登場したことを覚えている方も多いでしょう。モーセは神話的な人物としての性格が強く、教科書で扱っていいのかどうかは問題なのですが、モーセを登場させないと古代のユダヤ人の歴史が描けないという事情があるのです。

『旧約聖書』に描かれるのは、あくまでユダヤ人の歩みです。彼らを征服したり捕囚にしたり、解放したりする他の民族も登場しますが、主役はユダヤ人です。

ところが、古代オリエントにおいては、『旧約聖書』のように一つの民族の歴史をまとまった形で示したものは他に存在しません。その点は青木健が『古代オリエントの宗教』（講談社現代新書）でも指摘していることですが、「聖書ストーリー」は、ユダヤ教を超え、他のオリエントの宗教に影響を与えました。その点はキリスト教やイスラム教にとっても同様です。『旧約聖書』のストーリーは一民族の物語にとどまらず、一神教共通の物語として共有されていきました。これは、ユダヤ人がその後たどった歴史を考えると皮肉です。ユダヤ人は国を失っただけではなく、その歴史を奪われたとも言えるからです。

アレクサンドロス大王の出身はマケドニアです。マケドニアの地域は現在、ギリシャと北マケドニア共和国が、それぞれ50％と40％を占め、一部がブルガリアに属しています。古代のマケドニアで紀元前359年に即位したフィリッポス2世がギリシャに進出し、全土の制圧に成功します。ただ、フィリッポス2世は前336年に暗殺され、息子のアレクサンドロス大王が受け継ぐことになりました。

アレクサンドロス大王は一代で広大な帝国を築き上げます。その帝国はアルゲアス朝とも呼ばれますが、この呼び方は一般には流布していません。大王が32歳の若さで亡くなり、死後に後継者争いが起こって早々に帝国が滅びてしまったからです。

アレクサンドロス大王について興味深いことがあります。それはローマ帝国における皇帝崇拝にも結びつくのですが、ペルシアを支配するようになった大王は、ペルシア風の宮廷儀礼を採り入れます。王の印であるディアデーマという髪飾りや白い上衣、ベルトなどの装身具を身に着けるようになるのですが、それはペルシア風の宮廷衣装でした。森谷公《きみ》俊《とし》は、大王が外国から来た簒奪者ではなく、アケメネス朝の正統な後継者であることを示す意図があったと指摘しています（「アレクサンドロス大王からヘレニズム諸王国へ」樺山紘一他編『岩波講座　世界歴史5』岩波書店）。

さらに大王はペルシアの跪拝礼《きはいれい》を採り入れ、臣下に王の前に跪いて、王にキスするよう要求しました。ところが、ギリシャやマケドニアの人間たちは、神にしか跪拝礼を行わないので、この大王の要求は退けられました。たとえアレクサンドロス大王が長生きしたとしても、ギリシャやマケドニアの人々の反発を買い、支配を磐石なものにできなかったかもしれません。ただ、若くして亡くなったことで、かえって神格化されるようになりました。

ローマ帝国の都市であったポンペイは紀元79年、ヴェスヴィオ火山の噴火で一瞬にして埋もれてしまいましたが、その遺跡からは大王がペルシア軍と戦った「イッソスの戦い」を描いたモザイク画が発見されました。これはポンペイの邸宅の床に描かれたものですが、そこには英雄としての大王への強い憧れがあったものと想像されます。

それ以降、大王にまつわる伝説や説話が次々と生み出され、「アレクサンダー・ロマンス」と呼ばれる空想的で幻想的な物語が形作られていきます。3世紀頃に作られた「アレクサンドロス大王物語」は多くの地域に広まり、中世ヨーロッパでは理想の騎士とされます。さらにイスラム世界でも超人的な戦士として崇められ、中央アジア各地には現在でも大王の子孫と名乗る人々が住んでいるとされます（森谷公俊『アレクサンドロスの征服と神話』講談社学術文庫）。

このように英雄にまつわる伝説は興味深いものですが、現実に問題になるのは生前における支配者の神格化です。これがローマ帝国にも受け継がれていくことになるのです。

## ローマ帝国の誕生から東西の分割

ローマ帝国がヨーロッパにおいていかに重要な存在であるかについては、この章の冒頭で述べました。ローマ帝国は古代西洋における最大の帝国で、はじまりは紀元前8世紀頃に遡《さかのぼ》ります。当初、イタリアの中西部に住んでいたラテン人がテベレ川下流域に都市国家を建設しました。最初は王政だったのですが、前509年から前27年にかけては共和政が敷かれます。地元の有力者からなる元老院が統治機関になったのです。

しかし元老院のメンバーが固定化され政治が硬直化した結果、独裁官が力を持つようになります。アクティウムの海戦に勝利したオクタウィアヌスが前27年、元老院によって全権を与えられ「尊厳ある者」を意味するアウグストゥスと呼ばれるようになることで、初代皇帝の地位に就きます。ここから帝政がはじまりますが、最盛期は紀元96年から180年までの五賢帝時代で、ローマ帝国の版図は最大になりました。東は現在ではトルコのアジア側である小アジア（アナトリア）、西はスペイン・ポルトガルのあるイベリア半島、南はアフリカの地中海沿岸、北はグレートブリテン島の南部に及ぶ大帝国が生まれたのです。

しかし、これだけ広大な帝国を統治するのは容易ではありません。事実、五賢帝時代の後には各地で軍団がそれぞれの皇帝を担ぎ出す「3世紀の危機」が訪れます。さらにはゲルマン人の侵入やササン朝ペルシアの攻勢も、混乱に拍車をかけました。

こうした混乱は、284年に軍人皇帝のディオクレティアヌスが帝位に就くことで収拾されます。その後、コンスタンティヌス1世が専制君主制を確立しようとしましたが、彼の死後、395年にはテオドシウス帝の長男のアルカディウスが帝国の東を、次男のホノリウスが西を分割統治することになります。それ以降、一人の皇帝が帝国全体を統治することはありませんでした。つまり、395年をもってローマ帝国は東ローマ帝国と西ローマ帝国に分裂したのです。西ローマ帝国は476年に早々と滅亡してしまいますが、東ローマ帝国は15世紀まで続きます。首都はコンスタンティノープル（現在のイスタンブール）で、ビザンツ帝国と呼ばれるようになります。

これがローマ帝国の歴史の概略になりますが、皇帝のあり方には大きな特徴がありました。それは皇帝の位が世襲によって受け継がれなかったことです。相続も禁止で、一代限りでした。ローマ帝国は血のつながりを重視しなかったのです。

これはアケメネス朝において、世襲が重視されたばかりにアケメネスという始祖が捏造されたこととは対照的です。なぜローマ帝国の皇帝が世襲されなかったかと言えば、それは帝政が確立される以前に共和政が存在したからです。ローマ帝国において皇帝の位を与えるのは元老院だったのです。これがローマ帝国の大きな特徴になります。

## 世襲制に代わる統治の手段は「皇帝崇拝」

皇帝は、支配者としての正統性を何らかの形で示していかなければなりません。その際に血のつながりがあることが重要な意味を持つわけですが、ローマ帝国では、こうしたつながりを活用できませんでした。後ろ盾となるのは唯一元老院によって選ばれたことだけだったのです。

そこで初代のアウグスティヌス時代から用いられたのが「皇帝崇拝」でした。ローマ皇帝は「神」として崇拝の対象となり、それに伴う儀礼や組織が生み出されました。その先例となったのがアレクサンドロス大王を含めたペルシアなどの王の神格化、君主崇拝でした。ローマ帝国の支配はペルシアにまでは及びませんでしたが、その面での影響は受けたのです。

250年のデキウス帝の勅令では、少なくとも年に一回、ローマの祭壇で神々と皇帝の神性に対して犠牲を捧げることが要求されました。犠牲を捧げた者には「リベラス」という証明書が交付されました。

「3世紀の危機」の後に軍人皇帝時代を終わらせ、専制君主制をとったディオクレティアヌス帝は一兵卒から皇帝にのぼりつめた人物です。彼はもともと農民であったとも言われますが、自分を最高神であるユピテルの子であると称しました。金糸を織り込んだ礼服を身にまとい、宝石で飾られた靴をはいて祝祭の場に現れ、臣下に対してはアレクサンドロス大王のようにペルシアから採り入れた跪拝礼を要求しました。これによって、ディオクレティアヌス帝は「政治的支配者」を意味するドミヌスと呼ばれるようになります。

最高神のユピテルはギリシャにおけるゼウスと同一の神で、英語ではジュピターです。どの民族でも天空神が最高神とされますが、ユピテルも天空神でした。ローマのカピトリヌス丘陵にはユピテルを祀る神殿が紀元前6世紀から建てられていました。

ただ、ローマ帝国における皇帝崇拝についてはさまざまな議論があって、研究者によって異なるとらえ方がされています。ローマ帝国の研究で戦後の史学をリードした弓削達《ゆげとおる》は、「ローマ皇帝礼拝」という制度が存在したことはなく、そうしたとらえ方は近代が作り出したものだと述べています（『ローマ皇帝礼拝とキリスト教徒迫害』日本基督教団出版局）。

なぜ弓削はローマの皇帝崇拝が近代になって生まれたものだと主張しているのでしょうか。この見解は常識に反しているように思えるかもしれません。キリスト教は唯一絶対の神だけを信仰するため、教義の面からもローマ帝国の皇帝崇拝を受け入れることができなかったという見方が強いからです。

高校の「世界史」の教科書を見てみると、たしかにそのような記述があります。山川出版社の『詳説世界史 改訂版』では、「唯一絶対神を信じるキリスト教徒は皇帝礼拝を拒み、国家祭儀に参加しなかった。そのため彼らは反社会集団と見なされ、ネロ帝の迫害（64年）からディオクレティアヌス帝の大迫害（303年）まで、民衆や国家から激しく迫害された」とあります。

たしかに、こうした説明は、なぜローマ帝国においてキリスト教徒が迫害されたのか、その理由を明らかにしてくれるものです。しかし、これが事実なのかどうか、そこには議論の余地があるのです。

たとえば、この時代について詳しく研究した松本宣郎《のりお》の『ガリラヤからローマへ――地中海世界をかかえたキリスト教徒』（講談社学術文庫）では、キリスト教の信仰がローマ皇帝崇拝と対立したことで迫害を受けたという通説を、そのまま受け入れることは問題だと指摘されています。

まず議論すべきなのは、そもそもローマ帝国における皇帝崇拝がいかなるものであったのかという点です。

重要なのは地域による違いです。もともとローマ帝国の中心地では皇帝が自らを「現人神《あらひとがみ》」と主張することはなく、同時に皇帝に対する礼拝を強要したこともありませんでした。皇帝が神として崇拝対象になるのはあくまで死後でした。ここまで見てきたデキウス帝やディオクレティアヌス帝はかなり後の時代の皇帝です。

ローマ帝国には、皇帝が総督を任命して統治させる属州がさまざまな形で存在しました。その東方の属州、そこはまさにペルシア文明が起こり、アッシリア、アケメネス朝、そしてアレンクサンドロス大王の帝国が栄えた地域にあたります。この地域は伝統的な君主崇拝が存在していたので、ローマ帝国の版図に組み込まれるようになると、そのままローマ皇帝に対する崇拝へと発展していきました。帝国の中心となる地域とは異なる形で、皇帝崇拝の傾向が民衆のあいだに自ずと生み出されていったのです（湊晶子「古代ローマ本来の宗教意識と初代教会が受けた迫害との相関」『福音主義神学』6号、1975年10月、同「ローマ帝国における

『皇帝礼拝』と『皇帝崇拝』――皇帝の神格化をめぐって」『キリストと世界（東京基督教大学紀要）』1巻、1991年3月）。つまり、ローマ帝国内においても皇帝崇拝に対して濃淡があったのです。弓削が皇帝礼拝という制度が実はなかったとするのも、その名に値する普遍的制度がローマ帝国に一律に広がっていたわけではないからです。

## キリスト教研究の難点

キリスト教研究については注意すべき事柄があります。

それは研究対象と研究者の信仰との関係です。これは宗教研究にはどうしてもつきまとう問題です。

ここまでふれてきた弓削も松本も、そして湊もキリスト教の信仰を持っていて、熱心な信仰者です。信仰者であればキリスト教を「正しい宗教」としてとらえているわけで、対象をどうしても好意的にとらえてしまいます。つまり、必ずしもその研究は客観的で公正なものとは言えないところがあるのです。逆にイスラム教の研究であれば、日本のほとんどの研究者はイスラム教の信仰を持っていません。唯一の例外が、私も対談本（『世界はこのままイスラーム化するのか』幻冬舎新書）を出したことのある中田考《こう》です。

そのため世に出回っているキリスト教とイスラム教の本を読むと、キリスト教の方がイスラム教よりも優れた宗教であるという印象を受けやすくなります。キリスト教の信仰を持たないキリスト教の研究者や、イスラム教の信仰を持つイスラム教の研究者がもっと生まれてくればよいのですが、そう簡単に事情は変わりません。私たちが宗教について考える場合には、このことを意識しておく必要があります。

キリスト教の信仰を持つ研究者であれば、ローマ帝国でキリスト教が迫害されたのは当時のキリスト教徒が「正しい信仰」を持っていたからだと考えようとします。彼らはそれを前提に自説を展開しています。

その点を指摘している研究もあります。保坂高殿《たかや》『ローマ帝政中期の国家と宗教――キリスト教迫害史研究193―311年』(教文館)では、ローマ帝国におけるキリスト教徒迫害についての従来の見方に、「キリスト教的なバイアス」があることが指摘されています。

保坂によるとローマ帝国はキリスト教を宗教として迫害したわけではなく、市民のあいだでの衝突を収拾することを目的に、行政指導、調停工作を行っていたというのです。3世紀以降には国家安寧の実現という目的が加えられ、衝突する当事者間にルールが定められたというのです。

この問題を考えることが難しいのは、当時のキリスト教がどういった宗教として活動していたのか、その実態が必ずしも明らかになっていないからです。

## 資料が存在しないキリストの伝記

キリスト教はイエス・キリストからはじまります。イエスが説いた教えがキリスト教の教義のもとになっています。

ところが、イエスがどういった人生を歩んだのかについて述べている同時代の史料は存在しません。『新約聖書』にある「福音書」がイエスの言行録とされていますが、その成立はイエスが亡くなってから数十年後のことです。しかも「福音書」のうち、マルコ、マタイ、ルカのものは共通の伝承をもとにしていることから「共観福音書」と呼ばれますが、ヨハネによるものは、それらと性格が異なり神学的な色彩が濃くなっています。

「共観福音書」では、それぞれに採用されている伝承が異なっています。つまり、一人の人物について三通りの伝記があるわけです。この時点でもいったいどれが伝記として正しいのかという疑問がわいてきます。

しかも「福音書」のなかのイエスは、さまざまな奇跡を起こします。パンを増やしたり、水の上を歩いたり、悪霊を追い出したりします。本当にそんな奇跡は起こせるものなのでしょうか。

さらにこれまで注目されてこなかったことですが、『新約聖書』におさめられたパウロの書簡には、イエスの言動についてほとんどふれられていません。これは意外に思えますが、パウロは最後の晩餐でのこと以外、イエスが何をしたのか、どういったことを言ったのかに言及していないのです。数々の奇跡についてもふれていないのです。

パウロは生前のイエスを知りません。イエスが十字架にかけられて処刑された後には、むしろキリスト教を迫害する側にありました。ところが天からのイエスの声を聞いて改心し、キリスト教を布教する側にまわったとされています。パウロの回心はイエスの弟子たちの活動について記した『新約聖書』の「使徒行伝」に相当に劇的なものとして記されています。ただし、パウロ自身の書いた書簡にはそれほど劇的なことがあったとはされていません。

なぜパウロはイエスの言動について記さなかったのでしょうか。知っていたら、必ずそれについてふれたはずです。ということは、知らなかったと考えた方が正しいのではないでしょうか。回心体験についても、「使徒行伝」には誇張が見られるのではないでしょうか。

何より重要なのは、『新約聖書』におさめられた各文書が完成した順番です。パウロなどの書簡が最初で、その後に「福音書」、「使徒行伝」、「ヨハネによる黙示録」が作られました。私は、パウロがイエスの言動について知らなかったのではなく、彼が活動した時代にはそもそも伝承がなく、後に『旧約聖書』の予言にかなう形で「福音書」の内容が創作された可能性が高いのではないかと考えています。奇跡が数々語られているのも、それが事実ではなく、神の子である証しとして創作されたからです。

もちろん、これは定説ではありませんし、世界中のキリスト教の研究者は同意しないでしょう。キリスト教研究の前提が崩れるからです。

しかしイエスが生まれる前からのことを、いったい誰が記憶し記録していたのでしょうか。そもそもイエスはただの大工の子とされていますから、その生まれ育ちに注目する人は当初誰もいなかったはずなのです。

### ユダヤ教とキリスト教の関係

もう一つ難しいのは、ローマ帝国にキリスト教が広まっていったとき、ユダヤ教とどの程度区別されていたのかということです。

イエス・キリストはユダヤ人で、その弟子たちも同様です。死後の弟子であるパウロさえユダヤ人でした。後の時代にキリスト教会はユダヤ人に対して「キリスト殺し」の汚名を着せて差別しますが、キリスト教はもともとユダヤ教から生まれました。その改革運動ともとらえられますが、ローマ帝国においてどこまでユダヤ教と違うものだったのか、はっきりしないところがあります。

ユダヤ教は「法の宗教」です。法の宗教である点は、イスラム教にも受け継がれました。ユダヤ教の法は「ハラハー」と呼ばれます。市川裕は『ユダヤ教の歴史』（山川出版社）で、これについて次のように説明しています。

ユダヤ教の指導者であるラビは、成文トーラー（モーセ五書とも言い、キリスト教の『旧約聖書』では冒頭におさめられました）から613の戒を導き出し、それに則って生きるように定めていきました。そのなかには安息日を遵守することや食物規定、偶像崇拝の禁止などが含まれます。現代においてもハラハーに忠実に従って生きるユダヤ教徒が存在します。彼らは「超正統派」と呼ばれますが、一方で、ハラハーのことはほとんど気にしない世俗派も存在しています。

超正統派のような勢力が生まれてきたのも、ユダヤ人の経てきた歴史が関係しています。古代のユダヤ人は国を滅ぼされたり他の国への捕囚にあったりと、苦難の歴史を経験します。特に紀元70年に国を失い神殿を破壊されたことが大きく、それ以降は、「離散（ディアスポラ）」の状態を経験します。

神殿を失ってしまったため、自分たちの信仰を保ち続ける上で戒律を守ることが重要な手立てになっていきます。これによってユダヤ教は「神殿の宗教」から「法の宗教」へと転換するのですが、法のなかで何よりも重視されたのが、安息日の遵守と割礼《かつれい》でした。これは現代にまで受け継がれていますが、特に離散状態にあった時代には、ユダヤ人としてのアイデンティティーを守り続ける上で決定的な役割を果たしました。

どちらもトーラーに根拠があります。安息日は、神が世界を創造したときに7日目に休息をとったことに由来します。ただ、キリスト教が日曜日を、イスラム教が金曜日を安息日とするのに対して、ユダヤ教は土曜日にそれを定めました。

## ユダヤ教における割礼

割礼は生まれたばかりの男児の生殖器の先端の包皮を切り取るもので、トーラー冒頭の「創世記」に登場し、一神教の伝統のなかで信仰上の祖とされているアブラハムに由来します。

どちらの規定もユダヤ教徒をキリスト教徒を含む他の宗教の信者と区別する上で重要な意味を持ち、離散状態のユダヤ人を結束させただけではなく、彼らに「選民意識」を持たせることにも貢献しました。イスラム教にも割礼はありますが、ユダヤ教ほど必須のものとはされていません。

イエスやその弟子たちも割礼を受けていたわけですが、大澤武男『ユダヤ人とローマ帝国』（講談社現代新書）によれば、この慣習はギリシャ、ローマの世界において嫌悪されてきたといいます。ローマ帝国においてドミティアヌス帝は生殖能力を奪う去勢を禁じましたが、ハドリアヌス帝は、それをさらに拡大し、127年には割礼禁止令を出しています。

一方でユダヤ教徒の側は、割礼を施されていない不浄な人間とは食事をともにすることさえ禁じました。幼児の段階で割礼を受けるなら、抵抗などありません。抵抗できないとも言えます。ところが、それが大人の場合になれば、抵抗感が生まれます。そうなると、ユダヤ教を信仰していない人間がユダヤ教に改宗するのは難しくなってきます。

イエスを救世主としてとらえる初期のキリスト教の集団のなかで、改宗者に割礼を義務づけるかどうかで議論が起こります。結果的に割礼は義務から外されるのですが、それはハラハーを無視することにもつながりました。こうしてキリスト教は法の宗教から離れていきます。ユダヤ教からの離脱を進めていくことになり、改宗の手立てとして割礼に代わって「洗礼」が用いられるようになります。

割礼は『旧約聖書』に根拠が求められるわけですが、洗礼の方は『新約聖書』が根拠で、イエスの前に現れた洗礼者ヨハネの行為に由来します。イエスもヨハネから洗礼を受けたとされています。

ヨハネによる洗礼は、イエスを川の流れのなかに立たせ、頭から水をかけることによって行われました。どの民族、どの宗教においても、水には穢《けが》れなどを清める力があると考えられています。洗礼は穢れを清め、その対象となる人間を「再生」させる意味を持ちます。割礼から洗礼へ。このことは、ローマ帝国においてキリスト教が広まっていく際に重要な意味を持ちました。

また、パウロはイエスの言動についてはほとんど伝えていないわけですが、十字架にかけられたイエスが復活したことは強調しています。それは、最後の審判における人類全体の復活を予言するものであると説きました。復活も再生に結びつきます。

当時のキリスト教が、いつの段階で、どのような制度を作り上げていったのかは明らかではありません。しかし、次第に教会には信者を再生させ救済する力があると説かれるようになり、そのための手立てとして、「七つの秘跡」が定められるようになります。その出発点となるのが洗礼で、それ以降、堅信、聖体、告解《こっかい》、結婚、塗油《とゆ》、そして叙階《じょかい》が秘跡とされるようになっていきます。

## 生涯独身を守る「聖職者」

これがキリスト教とユダヤ教の根本的な違いになりますが、キリスト教（カトリックと東方正教会）では、生涯独身を守ることを誓う「聖職者」が生まれるのです。ユダヤ教にはそうした聖職者はいませんでしたし、現在でもその点は変わりません。

聖職者が生まれることで俗人とは区別されるようになり、そこに上下の関係が生まれました。聖職者が「上」で俗人が「下」です。そして聖職者のなかにも異なる位が生まれるようになり、頂点にはカトリックではローマ教皇が、東方正教会では総主教が位置づけられるようになります。東方正教会は民族別・国別に組織されていますが、カトリックは世界全体が一つに統合されていますから、ローマ教皇の権威、権力は絶大です。

もちろん、すぐにこのような組織、体制が作り上げられたわけではありません。しかしローマ帝国は、すでにふれたように「3世紀の危機」を経験していますから、帝国のなかに混乱や対立が生まれていました。おそらく、そうした混沌とした社会状況がキリスト教を信仰する人々を多く生み出したのでしょう。その結果、キリスト教はローマ帝国において勢力を拡大していきました。

キリスト教は拡大する中で迫害を受けることも多くなりました。ディオクレティアヌス帝による「大迫害」がよく知られていますが、迫害によって殉教したキリスト教徒は聖人として崇敬の対象となり、さらにキリスト教の勢力拡大に貢献しました。そうなってくると皇帝の側にも帝国支配のためにキリスト教を利用しようとする意識が生まれてきました。313年には「ミラノ勅令」が出され、キリスト教や他の宗教に対する信教の自由が保障されます。これはコンスタンティヌス帝によるキリスト教の公認に結びつきます。

コンスタンティヌス帝はアフリカの属州の総督に対して、文書でキリスト教の教会の土地の免税、寄進・遺贈の促進、司教への下級裁判権付与などの特典を認めるよう指示しました。315年に発行された貨幣にはキリストの頭文字による十字の印が打たれ、318年には伝統宗教の供犠《くぎ》が禁止されました。そして、各地にはキリスト教の教会が建てられるようになっていきます。

コンスタンティヌス帝が行ったこととして注目されるのが、325年に最初の公会議となる「ニカイア公会議」を開催したことです。公会議はキリスト教の教義や教会のあり方について協議するためのもので、正統と異端を区別することが目的とされました。通常はローマ教皇が召集するのですが、第一回だけはローマ皇帝が召集しました。皇帝自身は協議には加わらず、それは司教たちに任されました。

ニカイア公会議で議論になったのは、イエスに神としての性格を認めるかどうかでした。それを否定するアリウスという司祭の主張は認められず、異端とされました。正統とされたのは、イエスは神そのものであるとするアレクサンドロスという司教の主張でした。コンスタンティヌス帝は、イエスは父である神と同一本質（ホモウシオス）であると定めた「ニカイア信条」への署名を拒否した二人の司教を追放処分にします。これで教会の一致をはかろうとしたのです。

皇帝としては、キリスト教のなかにさまざまな主張が生まれ対立することは、社会に混乱をもたらすと判断したのでしょう。そこにはキリスト教を帝国の統合に役立たせようとする意図が働いていました。

皇帝崇拝の場合、皇帝自身が神となるわけですが、なぜただの人間が神なのかという疑問が生じてしまいます。それに対してキリスト教の信仰対象となる神は、この世界を創造した絶対的な存在です。そこに疑問が湧く余地はありません。キリスト教は、そうした神に対するとらえ方をユダヤ教から引き継ぎました。

## ローマ帝国の国教となるキリスト教

テオドシウス帝の時代、388年にギリシャ・ローマの神々への礼拝や祭儀が禁じられ、キリスト教だけが公式の宗教と定められます。さらに392年には多神教の礼拝が禁止され、キリスト教は事実上、ローマ帝国の国教となりました。

ローマ帝国の皇帝は、唯一絶対の神への信仰によって帝国を統合しようとしたのです。ただ、それによって帝国のなかに住む人々が一斉にキリスト教に改宗したわけではありません。それには長い時間がかかりました。そのあいだには賛美歌が作られ、教会の典礼が整備されていきました。迫害によって殉教した人間の遺骨は「聖遺物」とされ、聖人崇敬への道が開かれます。すでに述べた「七つの秘跡」も整えられていきました。

さらに古代における最高の教父とされたアウグスティヌスによって、「原罪」の教義が確立されていきます。人間はアダムとイブが性交という罪を犯したことで生まれながらにして罪深い存在となり、その罪は遺伝によって後世に受け継がれることになったとされたのです。この教義は、罪から解放される「贖罪」の重要性を増すことにつながりました。教会にだけ贖罪の力があるとされることで、教会は救済を独占したのです。

当初のキリスト教は「黙示録」が作られたところに見られるように、世の終わりがすぐにでも訪れるとする終末論を核にしていましたが、次第に、人々の生活を律する、社会秩序の維持に貢献するものへと変貌していきます。

キリスト教はローマ帝国の国教となることで大きく変貌したとも言えますし、変わったからこそ、皇帝に認められたとも言えます。しかも公会議が生まれたことで、正統と異端が区別され、異端が排除されることで組織の統一がはかられることになったのです。

コンスタンティヌス帝自身は、亡くなる直前にキリスト教の洗礼を受けています。そして、生前の功績によって、死後には聖人に列せられます。これはコンスタンティヌス帝に対する皇帝崇拝がキリスト教の枠のなかに採り込まれたことを意味します。そこにローマ帝国とキリスト教との関係が示されているとも言えますし、その後のヨーロッパにおけるキリスト教の重要性が象徴的な形で現れていると見ることができます。

広大なローマ帝国を統合するには、宗教の力は不可欠でした。最初、ローマ帝国はその役割を皇帝崇拝に求めましたが、皇帝は次々に交代していきますし、複数の皇帝が併立する状況も続きました。それに比較して、キリスト教の神は人間界を超越し、世界を創造した存在とされたわけで、その神を信仰することで帝国をまとめ上げていく方が、はるかに安定した支配が実現されると見なされたのです。これによって、キリスト教はローマ帝国に広がり、その後も拡大を続けていく基盤を確立したと見ることができるのです。

では、次に東に目を転じ、中華帝国と宗教との関係について見ていくことにしましょう。

# 第3章

## 中華帝国は宗教によって統合されていたのか

## 国際社会で存在感を増す中国

現在の中国の国名は「中華人民共和国」です。人口は14億人を超え、国内総生産（ＧＤＰ）もアメリカに次いで第2位につけています。一人当たりのＧＤＰとなるとようやく1万ドルを超えた段階ですが、世界銀行が定める高所得国の仲間入りも間近に迫っています。

市場経済を導入してからの中国経済の発展にはめざましいものがあります。それによって世界政治における存在感も大きなものになり、地理的に近い日本にとっては脅威になってきました。

中華人民共和国は中国共産党が支配する共産主義、社会主義の体制で、その成立は第二次世界大戦が終結した直後の１９４９年10月のことでした。それ以降、日本とのあいだに国交はありませんでしたが、１９７２年には日中共同声明による国交正常化がはかられ、78年には日中平和友好条約が締結されています。

当時、日本と中国のあいだには親善ムードが高まっていました。しかし、共同声明から50年が経った記念の年である２０２２年は両国の現状や今後についてさまざまな懸念事項が生まれ、祝賀ムードは盛り上がりませんでした。

古代から日本にとって中国は極めて重要な存在です。多くの文物が中国から日本にもたらされたからです。仏教はその典型になりますが、儒教や道教といった中国で生まれた宗教も日本に採り入れられました。もし、こうした宗教が日本に入ってこなかったとしたら、日本人の宗教生活は今とは根本的に異なるものになっていたはずです。

中国からの影響を数え上げれば、きりがありません。漢字も中国からもたらされたもので、漢文は宮中において正式な文書に用いられました。古代から中国に留学した日本人も少なくありません。「本場中国」、日本人は長くそうした意識を持ってきました。

しかし一方で、中国に対する反発もありました。その傾向は江戸時代になって強くなっていきます。その代表が、中国の思想や宗教に心酔した精神のあり方を「からごころ」と呼んで否定した国学者の本居宣長《もとおりのりなが》でした。宣長は日本の朝廷の方が優れているとして、中国のことを次のように批判しています。

他国（中国のこと）では、主が定まっていないので、ただの人間が王となり、王がまたただの人間になるという出来事が起こる。その際に、王の位を奪おうとして失敗した者を「賊」と呼び、反対に成功した者を「聖人」とする。要は、聖人も賊が成り上がった者にすぎない。

（「直毘霊《なおびのたまえ》」）

日本の場合、明治以降に「万世一系」が強調されるようになります。王朝の交代がなく、古代から現代に至るまで天皇が統治者の地位にあり続けてきたというわけです。それに比べて、中国は王朝の交代がくり返されてきました。その結果、血筋もはっきりしない卑しい人間が王や皇帝の位についてきたというのです。

宣長は、こう主張することによって中国よりも日本の方が優れた国であることを示そうとしたわけです。ただ、そうした批判が中国の人々に衝撃を与えたとは伝わっていません。宣長の主張を知ったとしても、果たしてそれで中国の人々が日本を礼賛するようになったでしょうか。おそらくそうしたことは起こらなかったでしょう。むしろ宣長の主張からは中国に対する強いコンプレックスが感じられます。

## 統一と分裂をくり返してきた歴史

宣長が言うように、中国では王朝の交代がくり返されてきました。常に中国が一つの国家、一つの帝国として統合されていたわけではないのです。

現在の中華人民共和国の版図は清の領土を受け継ぐ形になっていますが、その原型は秦（前905年〜前206年）に見出すことができます。秦の後も、中国は分裂と統合をくり返していきます。

秦が滅びた後は前漢、新、後漢と統一は保たれますが、後漢が滅びた後には、魏、呉、蜀による三国時代が訪れます。『三国志』の時代です。

この時代をきり抜け晋が中国を統一しますが、これも長くは続きません。そこから五胡十六国時代、南北朝時代を経て隋による統一に至ります。版図は隋から唐に受け継がれますが、唐の後には五代十国時代が訪れ、宋が台頭して領土を広げます。その後、西夏《せいか》や遼、金といった異民族の征服王朝が併立する時代が続きます。

それを統一したのがモンゴル帝国の後裔である元ですが、この時代も長続きせず、明へと交代します。ただ、モンゴル平原には北元が存続し、順や後金といった王朝も明を脅かします。そして明が倒れ、清になります。このように中国においては、絶えず統一と分裂がくり返されてきました。

こうした王朝の交代によって、中華帝国の版図は徐々に拡大してきたと言えます。この点、前章で見たアッシリアからはじまりアケメネス朝ペルシア、ローマ帝国へと展開していく西の帝国の発展様式とは異なります。アッシリア以降の「西側」の場合には、帝国の版図が広がるだけ広がった段階で頂点を迎え、そこからは衰退、崩壊へ向かったからです。

そうなると、果たして西の帝国と中華帝国を同じ性格を持つものとしてとらえていいのかが問題になってきます。

前章でふれた『岩波講座　世界歴史5』の巻頭には、本村凌二《もとむらりょうじ》・鶴間和幸《かずゆき》が共同で執筆した「帝国と支配——古代の遺産」という論文がおさめられています。本村は古代ローマ史、鶴間は古代中国史が専門ですから、中国について書かれた部分は鶴間によるものと考えられます。そこで鶴間は、中国における「帝国」ということばの意味するところを問題にしています。

中国においては伝統的に帝国ということばは使われず、「帝天下」ということばが使われてきました。帝天下は「天下に帝たり」を意味します。天下と国を比べた場合、天下の方がはるかに広く、国はそれに比べると小さいものになります。鶴間は「帝国ではなく帝天下であったことに、中国固有の国家観があった」と述べています。

## 中国における「帝国」と「中華思想」

「国」という観点からすると、必然的に自国と他国との境があることが前提となります。つまり、治めることのできる範囲は限定的なものになります。それに対して天下となれば、国境によって限定されず、どこまでも広がっていきます。

そもそも中国において「帝」ということばは、皇帝を意味するものではありませんでした。帝は天上の世界を意味し、上帝、天帝などとも呼ばれました。帝は宇宙万物の主宰者になりますから、神に近い、あるいは神そのものになります。それが天帝から天命を受けた地上の支配者にも用いられるようになっていくのです。

その点では、中国における皇帝の背景には独特な世界観、宗教観が存在します。そこから生み出されてきたのが「中華」という概念であり、「中華思想」になります。

それぞれの民族は、自分たちの民族が他の民族よりも優れていることを強調する傾向があります。ただ、その強調の仕方が民族によって異なります。

前の章でユダヤ人の選民意識についてふれましたが、それもその一つです。この章のはじめに取り上げた本居宣長の主張も中国を念頭において日本の朝廷の優越性を強調しているわけですから、その傾向を示しています。こうした考え方は、「自民族中心主義」と呼ばれます。中華思想も自民族中心主義の一つですが、中華と「夷狄《いてき》」とを分けるところに特徴があります。

中華思想においては、世界の中心に天子、つまりは皇帝が位置づけられます。その中心からはるか離れたところに位置する異民族は野蛮であり、「四夷」という蔑称で呼ばれます。四夷とは、東夷、西戎《せいじゅう》、北狄《ほくてき》、南蛮からなっています。日本も朝鮮とともに東夷になりますが、東南アジアやはるか遠くからやってきた西洋人を意味する南蛮ということばはそのまま日本にも採り入れられました。

地理学者の応地《おうじ》利明は「インドと中国――それぞれの文明の『かたち』」（『イスラーム世界研究』第5巻1―2号）という講演のなかで中国のコスモロジーについて説明し、中国に現存する最古の世界地図「古今華夷区域総要図」にふれています。これは1140年に刊行された地図帳の冒頭におさめられています。

地図の中心には天子が立ち、天のエネルギーを一身に受けとめていますが、そのエネルギーは、天子の身体から方形をなしている地の四方にむけて水平に拡散していきます。天子から発せられたエネルギーが及ぶ範囲が文明の領域である「華」を意味し、そのエネルギーが尽きたところの外側が野蛮な領域の「夷」となるのです。

もちろん「夷」とされた側からすれば、こうした華夷思想はとても受け入れられません。自分たちが文明という面で劣っていることが前提とされているからです。宣長の抵抗も、華夷思想に対するものと見ることができます。

ただ、中華の側からすれば、夷の側を文明化していくことが自分たちの責務であるとも考えられています。野蛮のまま放置してはならないのです。これはやがてキリスト教世界にも生まれていく考え方で、大航海時代以降の宣教活動の目的になっていきます。

では、どのように文明化していくのでしょうか。一つの手立てとなるのが「朝貢《ちょうこう》」という行為です。

## 華夷思想から生まれた朝貢

朝貢とは、夷、あるいは夷に近い領域にある国が、中国に対して貢ぎ物をすることを意味します。そうなると、中国は周辺諸国から貢ぎ物という形で税金をとっているようにも見えます。ところが中国の側は朝貢国から貢ぎ物があった場合、その数倍、あるいは数十倍の宝物を与えました。むしろ得をするのは朝貢する側なのです。

これは北アメリカの先住民社会に見られた「ポトラッチ」という習慣を連想させます。ポトラッチとはその主催者が盛大な宴会を開き、自分が蓄積してきた富を惜しみなく振る舞うことを意味します。財を蓄えた人間は、それによって自らの気前の良さを示すのです。そこには「富の還元」の意味がありますが、中国の場合、周辺の国の朝貢は、彼らが皇帝の徳を慕って自発的に行っているものととらえられました。だからこそ税金のように朝貢国から富を巻き上げるのではなく、膨大な返礼を行うことで、皇帝の徳の高さを示そうとしたのです。

帝国を考える上で、朝貢国というあり方は興味深いものがあります。というのも、朝貢国は中国に対してずっと朝貢を続けるわけで、征服の対象ではないからです。征服してしまえば、朝貢は行われなくなります。そうなると、皇帝に徳があることの証明ができなくなってしまいます。

華夷思想において皇帝と朝貢国とは対立関係にはなく、相互に依存する関係にあります。朝貢国を征服すれば、その関係は壊れます。その点で、華夷思想は帝国の無制限の拡張を妨げる側面を持っています。このことは、中華帝国を見ていく上で重要な意味を持ちます。本来、中華思想は侵略主義でも拡張主義でもないのです。

中国においても王朝の交代が起こる際にものを言うのは軍事力です。新たな皇帝は、それを背景に即位し、帝国の支配者となります。しかし帝国を安定的に支配するためには、武力だけではなく、徳を持っていなければならないのです。

## 中国における儒教の考え方

徳という考え方の背景には儒教があります。中国における帝国と宗教の関係を考えるには、儒教についての考察を深めなければなりません。

中国には、土着の宗教として道教と儒教があります。道教や儒教が土台となった社会に、インドから中央アジアを経て仏教という外来の宗教が採り入れられたのです。それは日本において、土着の神道が存在するところに仏教が採り入れられた事態と似ています。

宗教を世界宗教と民族宗教に分けるならば、道教も儒教も、そして神道も民族宗教になります。ただ、神道にはその教えを説いた創唱者が存在しないのに対して、道教や儒教には創唱者がいます。道教は老子、儒教は孔子です。老子と孔子には独自の教えがあり、それは聖典にまとめられています。

世界宗教と民族宗教という分け方の他に、「創唱宗教」(特定の人物が特定の教義を唱え、それを信じる人々がいる宗教)と「自然宗教」(自然発生的に発展した宗教)という分け方があります。道教や儒教はキリスト教やイスラム教と並んで創唱宗教になります。神道は自然宗教です。

道教と儒教が創唱宗教で、独自の教えを持っていたことが、外来の仏教との関係に大きな影響を与えます。

その点にふれる前に道教と儒教について簡単に説明しておきましょう。

老子が創唱者である道教の聖典が『道徳経』で、これは『老子』とも呼ばれます。

老子の生涯については、中国の有名な歴史書、司馬遷の『史記』に記されています。そこでは、老子がもともとは周の国において書庫の記録官をつとめていて、老いると関所を越えてどこかへ消えてしまったとされています。その際に、関所の役人に『道徳経』を残したというのです。

『史記』は紀元前100年頃に作られ、老子は紀元前6世紀ないし5世紀の人物とされます。老子の生存していた時期と『史記』の記録とのあいだに時間的な隔たりがありますし、記されていることも伝説のようで、とても事実であるようには思えません。老子は、神話的な人物であると考えるべきでしょう。

『道徳経』においては、「道」が説かれます。道という考え方は中国から発した宗教思想において重要なもので、宇宙の法則であり、そのあるべき姿を意味します。人が正しく生きるには、この道に従わなければなりません。『道徳経』では同時に「無為自然」が説かれ、あるがままに生きることが勧められています。

その点で道教は政治とは一線を画し、国家についてのとらえ方も牧歌的です。究極の目的は世俗を超越した仙人になることですから、国家を支える、あるいは統治者のバックボーンになるような宗教ではありません。

## 『論語』で説かれた政治思想

それに対して儒教は宗教であると同時に政治思想でもあるので、そのあり方は道教とは大きく異なります。

孔子の伝記も『史記』に記されていますが、それによれば、孔子は老子と同時代の人間です。孔子については老子以上に詳しい伝記が伝えられてはいますが、それは孔子の言行録である『論語』をもとにしています。哲学者の和辻哲郎は、『孔子』（岩波文庫）のなかで、「孔子の伝記について信憑すべき材料は『論語』のほかにはないのである」と述べています。そうなると『論語』は本当に孔子の言行録なのかが問題になりますが、これについては証明のしようがありません。他に史料がないからです。和辻はその内容を検討し、全部で20篇あるうち、学而《がくじ》篇など9篇が古い層のものだと指摘しています。『論語』は孔子の死後、約400年かかって編纂されていますから、そこには実際の孔子のことばとともに、後世に付け加えられたものが含まれていると考えられます。

『論語』に示された孔子の生涯を追ってみると、果たして儒教を宗教ととらえていいのかという疑問が浮かび上がります。『論語』で問われているのは、人がどのように生きるかについてで、特に為政者のあり方にかかわるものです。ですから、宗教というよりも政治思想としての面が強いのです。

一般の宗教では死ということが重視され、それぞれに死後の世界を説いています。ところが『論語』には、「怪力乱神を語らず」ということばが出てきます。これは、理性では説明できない神秘的な事柄についてはあえて言及しないという意味です。つまり『論語』では、死後のことは語られていないのです。

一般の宗教では死が重視されますから、それぞれの宗教を開いた開祖の死がいかなるものかが重視されます。釈迦なら涅槃《ねはん》に注目が集まり、キリスト教ならイエス・キリストの十字架上での死の意味が問われます。

ところが『論語』では、孔子がどのようにして亡くなったかは語られていません。孔子の死には特別な意味が与えられなかったのです。

## 儒教の特徴は「易姓革命」にある

『論語』は死後のことを問題にせず、生きている間のことに集中します。生きるということとは生活の糧を得て人生を全うすることですが、孔子が問題にしたのは、いかに生きるのかという事柄です。人には正しい生き方があり、それは神のような超越的な存在が教えてくれるものではなく、人間が自ら見出していくべきものなのです。

正しい生き方とは、徳のある生き方を指します。『論語』に示された孔子の教えを基盤として生み出された儒教においては、「五常」が重視されます。五常は「仁・義・礼・智・信」からなるもので、思いやりのこころを持ち、自らの欲望にとらわれず、人間関係を円滑に営み、物事を深く学んで、人の信頼を得なければならないというのです。

こうした徳は人間誰もが備えていなければならないものですが、儒教では特に為政者に求められます。為政者に徳があれば、好ましい政治が行われ、その徳が社会全体に行き渡るのです。その点で儒教は華夷思想を支える基盤になります。

こうした考え方が特徴的な形で示されているのが、「易姓《えきせい》革命」になります。これは孔子の後を継いで儒教を発展させた孟子などが説いたものです。為政者は天によってその使命を与えられているのであり、天命に背いて政治的な失敗をくり返せば、天はその地位を奪い、徳のある別の者が為政者になるという考え方です。「易姓」とは為政者の姓が変わることを意味します。

宣長は中国では頻繁に王朝の交代が起こり、それによって卑しい賊が支配者である聖人になってきたとして、そのあり方を批判していますが、中国では、徳を有していることが聖人の条件となり、そうした状況を正当化してきたことになります。

ただ、儒教の考え方は時の政治体制を支えるわけで、その点で本質的には保守的な政治思想になります。しかし易姓革命の考え方に示されたように、為政者から徳が失われているなら、王朝の交代が起こるのは必然的ですから、体制を批判する武器にもなります。だからこそ、秦の始皇帝が中国を統一した際に「焚書坑儒《ふんしょこうじゅ》」が起こりました。儒教にかかわる書物を焼き捨て、儒者を穴に埋めて殺してしまったのです。このことは『史記』に記されています。なぜこうしたことが起こったのかと言えば、始皇帝は家臣から、儒者がその支配のあり方を批判しているという進言を受けたからです。

その後、儒教はふたたび中国社会に浸透し、体制を支える思想として機能するようになり、前漢の時代には国家の学問として採用されます。学問としての面が強調されるときには、「儒学」と呼ばれます。

中国という国は広大です。地域によって異なることばが使われます。公用語は「官話」と呼ばれますが、主な官話だけで七つもあります。少数民族になれば、まったく異なることばが使われます。現在では北京官話を標準語として普及する政策が進められていますが、日常使われることばは地域によって異なり、地域を越えれば言葉が通じないという事態が起こります。ただ、漢字という共通の表記の方法があり、異なる官話を使っている人たちも筆談でコミュニケーションをはかれます。その点で漢字は便利な道具ですが、その数は膨大で、一般の庶民がそれを覚えるのは容易なことではありません。そのために知識人と一般の庶民とのあいだに格差が生まれました。

**登用試験「科挙」の存在**

中国では、支配階層である官吏になるには漢字の読み書きの能力が求められます。官吏の登用試験となったのが、「科挙」の制度です。この制度は隋の時代に生まれ、清朝末期に廃止されるまで1300年以上も存続しました。しかも、漢字文化圏となった朝鮮やベトナムでも普及しました。日本にも、それにならって「課試《かし》」の制度が作られますが、結局官吏は世襲され、課試に合格しても上流貴族にはなれませんでした。

中国の科挙は実力主義が特徴で、出自にとらわれず、誰もが受験できました。ただし倍率は3000倍にも達し、想像を絶する勉強量を求められました。そのため実質的には経済力がある家の子弟でないと合格が難しいものでした。それでも名もない家の出身者が合格し、官吏として出世することもありました。少なくとも中国では藤原氏のような特定の家が権力を掌握し、摂政・関白といった重要な官職を独占することは起こらなかったのです。

科挙に合格して上級官僚になった人物は知識階級と見なされ、「士大夫《したいふ》」、あるいは「読書人」と呼ばれました。官吏を引退後には大地主にもなっていきましたから、まさに上層階級となったのです。士大夫のなかには私利私欲に走るような人間もいましたが、彼らは中国の伝統的な文化を支える役割を果たしていきました。

科挙に合格するにはさまざまな試験を受けなければなりませんが、時代によって内容は変化し、全体は複雑です。重要な試験は「四書五経」から出題されました。四書五経は儒教の聖典、教典で、四書は『論語』『大学』『中庸』『孟子』からなり、五経は『易経』『書経』『詩経』『礼記《らいき》』『春秋』からなっています。

つまり科挙に合格するには儒教について深い知識が必要で、それに合格した士大夫は、儒教の教えに通じた知識人であることになります。彼らは官僚として国を動かすわけですから、儒教は中国を動かす政治的な原理の役割を果たすことになりました。

ただ、ローマ帝国におけるキリスト教と比較したとき、そこに大きな違いがあります。この二つの宗教は帝国の統合を支える役割を果たしたわけですが、キリスト教が教会という形で自立した教団を組織したのに対して、儒教の教団は組織されませんでした。

儒教でも開祖である孔子を祀る施設として「孔子廟《こうしびょう》」があります。東京の湯島聖堂も孔子廟の一つで、中国以外にも朝鮮半島や台湾、ベトナムと漢字文化圏にありますし、中国人が多く生活するマレーシアにもあります。たしかにこれは儒教における礼拝の施設で、キリスト教の教会に匹敵するとも言えます。しかし所属するメンバーが定まり、そこを中心に儒教の教団が組織されたわけではありません。

中国の皇帝や士大夫が儒教の教えにしたがって政治を行ったとしても、彼らが儒教の信者であるというわけではありません。儒教の教えを学んだ人間は「儒者」と呼ばれます。彼らは儒教の聖典を学び、それをもとに儒教の教えについて講じたかもしれませんが、礼拝を主導したり、儒教を広める活動に従事したわけではありません。儒者は宗教家ではなく、あくまで学者なのです。

この点でローマ帝国におけるキリスト教と中華帝国における儒教とは性格が異なっています。帝国を支配する宗教という意味では共通しても、キリスト教が教会という組織を通して支配に貢献したのに対して、儒教は為政者の内面にある政治的な道徳として貢献したのです。さらに重要なのは、儒教が教団を組織せず、世俗の権力と対立しなかったことです。

## インドで誕生した仏教が中国へ伝播するまで

では、外来の宗教である仏教は、どのような役割を果たしたのでしょうか。

仏教はインドに誕生した宗教です。ですが、インドの人々が歴史を記述することに一切関心を向けなかったこともあり、そのはじまりは必ずしもはっきりとはわかっていません。開祖である釈迦は紀元前6世紀、あるいは5世紀の人物であるとされ、老子や孔子の同時代人である可能性があります。

現在においてインドと中国は一部、国境を接していますが、そのあいだにはヒマラヤ山脈が横たわっており、往来は容易ではありません。そのため中国に仏教が伝わったのは、その誕生から数百年が経った紀元1世紀のこととされています。

中国における宗教の歴史を考えたとき、仏教の伝来は最大の事件でした。ただ、中国に伝えられた仏教はインドの仏教そのものではなく、中央アジアで変容した仏教です。中央アジアには仏教だけではなく、ゾロアスター教やマニ教、あるいは中国では「景教」と呼ばれるようになるキリスト教のネストリウス派なども入っていました。

さまざまな宗教が混在するなかで、仏教も変化していかざるを得ませんでした。仏教は釈迦の悟りに発する宗教で、信者はいかにその悟りに近づいていくかを課題としましたが、中央アジアでは、むしろギリシャの影響によって仏像を崇拝し、それに祈願する大衆的なものへと変化したのです。

中国に仏教が採り入れられた時代には、仏教そのものがすでに部派仏教から大乗仏教へと大きく変貌していました。部派仏教は素朴なパーリ語仏典にもとづくもので、出家した僧侶を在家の信者が供養して支える代わりに、徳を与えてもらうというものでした。それに対して、大乗仏教の経典は、文語であるサンスクリット語で記されました。大乗仏教で説かれる教えは多岐にわたっており、高度な哲学も含まれていました。それが中国の人々を魅了したのです。

儒教では孔子が「怪力乱神を語らず」としたように、現実の世界を超えた領域については関心を持ちません。それに対して仏教では現実を超えた仏の世界が展開され、しかもその世界のありさまは華麗な文体で表現されます。そこが現実に根差した儒教とは根本的に異なる点で、それに魅了された中国の僧侶たちは大乗仏典を求めてインドへ求法《ぐほう》の旅に出たのです。

こうした仏教と正面から対立したのは、儒教ではなくむしろ道教でした。道教には神仙思想があり、世俗から離れ解脱をめざす仏教と重なる部分があったからです。道教は自分たちの教えが仏教よりも優位であることを示すために、老子がインドにわたって釈迦になったという「老子化胡説《かこ》」を唱えました。

これは現代からすれば馬鹿げた考え方に思えますが、当時はかなりの影響力を持ち、仏教の側は反駁するのに苦労しました。

それでも仏教は中国に受け入れられ、信仰は広がりを見せていきました。さらに仏教は漢字文化圏にも伝えられ、日本仏教も中国から影響を受けながら発展していきました。日本人の僧侶は最新の仏教を求めて、続々と中国へわたっていったのです。

仏教は釈迦という個人の悟りの体験が核にあるわけですから、本来ならば国家のあり方、帝国のあり方とは直接の関係を持たないものであるはずです。しかし大乗仏教の段階になると、「仁王護国般若波羅蜜多経《にんのうごこくはんにゃはらみったきょう》」や「金光明最勝王経《こんこうみょうさいしょうおうきょう》」といった国家を鎮護することに役立つ仏典が作られるようになりました。日本の最澄は、これに「妙法蓮華経」を加えて「護国三部経」と称しました。

## 中華帝国を支えた仏教

その点で、仏教は中華帝国を支える宗教として機能するようになります。ところが皇帝のなかには道教を信仰するあまり、仏教を弾圧する人物も現れました。いわゆる「廃仏」

です。主な廃仏としては、「三武一宗の法難」があげられます。北魏の太武帝《たいぶてい》（在位423〜452年）の太平真君年間のもの、北周の武帝（同560〜578年）の建徳年間のもの、唐の武宗（同840〜846年）の会昌《かいしょう》年間のもの、後周の世宗《せいそう》（同954年〜959年）の顕徳《けんとく》年間のものが相当します。

このうち会昌年間の廃仏に遭遇したのが、日本の僧侶、円仁でした。円仁は最澄の弟子で、最澄が十分にもたらすことができなかった密教を改めて摂取するため唐の時代の中国にわたったのですが、廃仏によって一時は還俗《げんぞく》させられ、滞在期間も予定外の9年にも及んでしまいました。円仁の記した『入唐求法巡礼行記《にっとうぐほうじゅんれいこうき》』には、いかに廃仏の嵐がすさまじいものであったのかが記されています。

ただ、仏教が伝えられると中国の人々が多大な関心を示したことは事実です。だからこそ、玄奘三蔵《げんじょうさんぞう》などが仏典を求めてインドへと旅立っていったのです。そして求めた仏典を漢訳する作業が進められ、あわせて仏教の教えを中国の実情に合わせるために「盂蘭盆経《うらぼんきょう》」などの偽経が作られていきます。

中国では「僧官」の制度も作られました。これは僧尼を管理するための制度です。国家が僧尼を管理するという発想はインドにはあり得ません。僧尼は世俗の世界を離れた存在であり、世俗の社会の外側に位置するからです。今日の中華人民共和国では宗教を管理す運命がカードを混ぜ、われわれが勝負する。

アルトゥル・ショーペンハウエル

# 講談社現代新書
# 発行部数ランキング
（1964年創刊）

1位　知的生活の方法
渡部昇一

2位　タテ社会の人間関係
中根千枝

3位　生物と無生物のあいだ
福岡伸一

4位　考える技術・書く技術
板坂 元

5位　未来の年表
河合雅司

6位　野心のすすめ
林 真理子

7位　日本人の意識構造
会田雄次

8位　愛に生きる
鈴木鎮一

9位　論語
貝塚茂樹

10位　哲学のすすめ
岩崎武雄

講談社現代新書
公式サイト

る体制が確立され、信教の自由に大幅な制限が加えられていますが、これもこの国の伝統としてとらえることができます。中国では、宗教はあくまで国家の体制維持に益するものでなければならないのです。

儒教を政治道徳として為政者が内面化し、国家の鎮護については仏教に頼る。中国では、そうした体制が築き上げられていったのです。

それでも王朝の交代は避けられませんでした。しかも、漢民族ではなく、異民族によって支配される征服王朝の時代がいくたびも訪れました。征服王朝の代表としては、遼、金、元、清などがあげられます。

## 異民族による征服王朝

なぜ中国で征服王朝が成立したのでしょうか。

それは、征服王朝の担い手が騎馬遊牧民、あるいは騎馬民族だったからです。そのはじまりは前7世紀のスキタイに求められます。その後、匈奴《きょうど》、五胡、さらにはイラン系、トルコ系、モンゴル系の騎馬遊牧民が15〜16世紀頃まで興亡しました。騎馬遊牧民の中国への進出には、気候温暖化による西アジア草原の乾燥化が理由としてあげられます。草原の乾燥化によって農作物が育たなくなり、遊牧を選ぶ人々が増加したのです。

遊牧を行う人々が使うのが馬です。19世紀前半に蒸気機関車が実用化されるまで、人類が用いるもっとも速い乗り物が馬でした。馬には急発進、急停止、急旋回ができるという利点があります。その機動性とスピードは集団となったときとくに発揮されますから、軍事面での効果は絶大です。

草原地帯に騎馬が普及したのはユーラシア中部で栄えたカラスク文化後期で、紀元前10〜前8世紀のことでした。この時代に馬に乗って家畜を追い、季節によって牧地を移動することが可能となり、遊牧民の行動範囲は一挙に拡大したのです（林俊雄『遊牧国家の誕生〈世界史リブレット〉』山川出版社）。

騎馬遊牧民の軍事力を向上させる上で重要な役割を果たしたのが鞍《くら》と鐙《あぶみ》でした。これは中国で発明されたものです。騎馬遊牧民は最初、そうしたものを使わず裸馬に乗っていたのですが、腰を浮かして矢を放つためには板を使った硬式の鞍と鐙が必要でした。これらの使用は6世紀頃からはじまります。

一般の漢民族は馬を操る生活をしていないので、軍事力の面で騎馬遊牧民にはかないません。騎馬遊牧民の存在は、常に帝国の安定を脅かすものになりました。

中国の征服王朝として、遼、金、元、清をあげました。そのうち遼は、モンゴル高原東部で活動していた契丹人《きったんじん》のうち耶律《やりつ》氏（ヤリュート氏）が947年に建国したもので、11

25年まで存続します。ですがその領土は決して広くなく、支配した地域は中国北方の燕雲十六州と遼寧のみでした。

金は中国東北部にいた女真族完顔部の首長であった阿骨打《アクダ》が1115年に建国したもので、遼や北宋を滅ぼして東北地方や内モンゴル、さらには華北をも支配しました。それでも同時代の中国南部には南宋、西部には西夏が存在し、13世紀に入るとモンゴルの圧迫を受け、1234年には滅んでしまいます。

本格的な征服王朝となったのは元と清です。元はモンゴル族の王朝で、清は満州族の王朝でした。元は唐が滅んだ後、久しぶりに成立した統一王朝となります。そして清の版図は中華帝国が誕生して以来最大の規模に達しました。現在の中華人民共和国とほぼ同じです。元は100年にも満たずに崩壊したのに対して、清は1616年に満州で建国され、1644年に中国全土を支配してから1912年まで続きました。1616年を起点とするならば300年近く存続したことになります。

## 統一王朝になった元の宗教政策

なぜ、元と清において帝国が存続した期間が大きく違うのでしょうか。

清の場合、康熙帝《こうきてい》から雍正帝《ようせいてい》、そして乾隆帝《けんりゅうてい》という「三賢帝」が登場し、帝国としての最盛期を迎えますが、元の場合には、そうした賢帝が生まれず、統治はうまくいきませんでした。

元の誕生にまで遡ってみましょう。まず、1206年にチンギス・ハーンによってモンゴル帝国が誕生します（モンゴル帝国については次章で詳しく述べます）。モンゴル帝国は瞬く間に版図を広げ、最大時には中国から中央アジア、西アジア、さらには今日のモスクワやキーウ（キエフ）にまで及んでいました。第5代の皇帝となったフビライ・ハーンの時代においてです。

元が成立したのはフビライ・ハーンの時代で、彼は1271年に都を大都《だいと》、現在の北京に定め、国号を元と改めました。元王朝において権力を握ったのはトルコ系やイラン系の「色目人《しきもくじん》」と呼ばれる人々で、中国の伝統的な文化を軽視し、一時は科挙を廃止したりしました。モンゴル人が色目人を重視したのは漢人の力を抑えるためで、色目人が漢人の風俗になびいたときには懲罰を加えました。

統一王朝としての元が生まれることで、中国全土にわたる経済圏が復活し、豊かさがもたらされました。「はじめに」でふれたように、帝国を作り上げ、それを拡大することの意味がまさに現実のものとなったのです。

しかし経済的に豊かになれば、人々は次第に堕落しやすくなっていきます。その際に重要な役割を果たすのが禁欲を説く宗教です。ローマ帝国でキリスト教が採用されたのも、キリスト教が禁欲を説いた宗教だったからです。皇帝崇拝には、禁欲の側面はありません。ただ、禁欲が説かれ、無駄に消費する奢侈《しゃし》が戒められると、かえって富が蓄積され、さらなる堕落へと結びつく事態が生まれます。これは拙著『宗教にはなぜ金が集まるのか』(祥伝社新書)でも述べたことですが、キリスト教のなかに絶えず新たな修道院が生まれてきたのも、そうしたことが関係します。修道院のモットーは「祈れ、働け」ですが、本来清貧をめざす修道士たちが労働に勤《いそ》しめば、富が蓄積され、修道会の堕落が起こり、それを是正するために新たな修道会が生み出されていったのです。

モンゴルはもともと特定の宗教を持っていませんでした。天に対する漠然とした信仰はあったものの、遊牧民なので、神殿を建て、祭祀を行うことはありません。また当初、モンゴル人は文字を持っていませんでしたから、聖典も編纂されませんでした。そのため、進出した地域の宗教を採り入れていくことになりました。元では、道教やチベット仏教といった神秘主義的な傾向が強い宗教が対象になりました。神秘主義は霊的なものの存在を強調し、それが利益をもたらすことに関心をおきますから、禁欲という面は強くありません。元においては、奢侈を戒める宗教が存在しなかったのです。

清の時代の賢帝の一人、乾隆帝の時代の趙翼《ちょうよく》という史家は、元の世祖となったフビライ・

ハーンについて、開国の英主である半面、利を貪るために厳しく税を取り立て、必要もないのに遠征を行ったと評しています。その傾向は世祖だけではなく、元の代々の皇帝に受け継がれていきました（愛宕松男・寺田隆信『モンゴルと大明帝国』講談社学術文庫）。

そうなれば帝国の支配は安定性を欠くものになってしまいます。そこに元が短命な帝国に終わった根本的な原因があります。まさに皇帝が徳を失うことで易姓革命が起こったわけです。

## 白蓮教による反乱で滅亡した元王朝

注目されるのは、元が滅亡する際に、宗教による反乱が起こったことです。白蓮教《びゃくれんきょう》という宗教が「紅巾《こうきん》の乱」を起こし、それが元を滅亡させることに結びついたのです。

白蓮教は、もともと浄土信仰にもとづく宗教結社で、元が成立する前の南宋の時代に生まれました。鎌田茂雄『中国仏教史』（岩波全書）では、白蓮教は「殺生戒を守り、酒肉を断じ、菜食を守る念仏結社であった」と説明されています。

浄土信仰は中国で特に発展した仏教の信仰で、念仏を唱えることで死後に阿弥陀如来の住まう西方極楽浄土に生まれ変わることをめざす来世信仰です。問題となるのは来世としての浄土ですから、現世における暮らしは重要視されません。節制するのも正しい信仰を守り続けている証しとするためで、現実の社会を変革する方向には向かいません。その点では、白蓮教が反乱を起こすことは考えにくいのです。

ところが元の時代になると、白蓮教は邪教として禁圧されるようになります。そうなってくると信仰のあり方にも変化が生まれ、白蓮教の教義に弥勒信仰が混入しました。

弥勒信仰はインドで生まれたもので、弥勒菩薩に対する信仰です。仏教では如来と菩薩は区別されます。如来が悟りを開いた存在であるのに対して、菩薩は悟りをめざしまだ修行を続けている存在です。如来としては薬師如来や大日如来、そして阿弥陀如来があり、菩薩には観音菩薩をはじめさまざまなものがあります。

なかでも弥勒菩薩は特異な存在です。というのも、弥勒如来と呼ばれることもあるからです。弥勒菩薩は、釈迦が亡くなってから56億7000万年後にこの世に現れ、釈迦が救えなかった衆生《しゅじょう》を救うとされ、その点で如来ともなるのです。

ただ、56億7000万年後となると、考えられないほど遠い未来です。地球がそのときまで存在しているのかどうかさえ怪しいところです。弥勒がこの世に現れるまで待っているわけにはいきません。そこで、弥勒が一刻も早くこの世に現れてくれることを願う「弥勒下生《げしょう》」の信仰が生まれました。

これは、さまざまな宗教に見られる「救世主信仰」の一種になります。救世主が現れることで、この世の秩序は根本から改められますから、それは一種の革命思想になります。白蓮教が阿弥陀信仰から脱して弥勒信仰へと展開することで、社会運動、革命運動の性格を持つようになり、実際に反乱を引き起こしたのです。

白蓮教だけではありません。他の宗教結社も加わり、大規模な農民反乱へと発展していきます。この反乱による混乱状況のなかから朱元璋《しゅげんしょう》が台頭し、元を倒して明の王朝を樹立します。朱元璋は洪武帝として即位します。そして洪武帝は社会秩序を乱す危険性を持つ白蓮教を弾圧する側にまわります。

第１章で宗教の機能についてふれました。宗教には社会秩序を維持する機能と、それに反抗する機能があるわけですが、ここでは後者の機能が働いたことになります。白蓮教は元の体制に反抗し、それが王朝を打倒することに結びつきました。

## 明の滅亡にかかわった豊臣秀吉の朝鮮出兵

こうしたことは、清の時代の終わりにもくり返されます。

清は満州族の王朝で、１６１６年から１９１２年まで続きます。江戸時代が１６０３年から１８６８年まで続きましたから、かなりの期間が清と重なっています。明が倒れ、清が生まれる背景には日本がかかわっていました。豊臣秀吉は日本国内における天下統一をなしとげるだけでは満足せず、朝鮮を服属させ、明まで征服しようと朝鮮征服に打って出ます。それが明の財政を悪化させる一因となり、清への王朝の交代が起こります。

清は元とは異なり中国の伝統的な文化を尊重し、漢人の官僚を重用し、その綱紀粛正も行いました。さらに租税を減免し、黄河の治水を行うことで民心を集め、社会を安定させました。これは江戸幕府が行ったことに似ています。近世という時代になると、統治のやり方を工夫し、社会を安定させようという気風が東アジアで生み出されたことになります。朝鮮半島では、中国や日本に先立って朝鮮王朝、李氏朝鮮が1392年から大韓帝国に改称される1897年まで存続しました。

イギリスの経済学者アンガス・マディソンは、2001年に刊行した"*The World Economy: A Millennial Perspective*, Development Centre of the Organisation for Economic Co-operation and Development"（邦訳は、政治経済研究所訳『経済統計で見る世界経済2000年史』柏書房）で、西暦紀元から2000年にわたる世界のGDP（国民総生産）の推計を行っていますが、1820年の時点において中国のGDPは世界全体の32・4%を占めていました。これは西欧を凌駕していましたし、日本はその10分の1以下でした。いかに当時の中国が経済的に豊かであったかがわかります。

しかし西欧は産業革命をなしとげ海運業を発達させたことで、アジアへの進出を試みるようになります。清は近代化の流れに立ち遅れ、西欧列強の進出を許しました。そうした状況のなかで、宗教による反乱が起こったのです。

１７９６年には湖北省で白蓮教徒による反乱が起こります。元王朝を滅亡させることに貢献した白蓮教は、その後弾圧されましたが、秘密結社として生き残っていました。彼らは終末論の思想を持っていますから、社会が混乱するとそうした主張が力を持ってきます。これに呼応する動きが四川省、河南省、陝西《せんせい》省、甘粛省へと広がりますが、最後は清王朝に鎮圧されてしまいます。

## 短命に終わった太平天国

続いて、１８１３年には白蓮教の一派である天理教の乱が起こります。ただこれは、すぐに鎮圧されます。それ以上に大規模な反乱となったのは太平天国の乱です。白蓮教が仏教の弥勒信仰を基盤にしていたのに対して、こちらは西欧列強による中国進出が行われていた時代ということもあり、キリスト教を基盤としていました。１８５１年、在野の読書人であった洪秀全《こうしゅうぜん》は、自分がイエス・キリストの弟であるとして、広西省桂平県で太平天国を建国します。

太平天国軍には多くの人間が集まり、清軍を破って北上します。１８５３年には現在の江蘇省にある南京を陥れ、そこを太平天国の首都と定めます。それが最盛期で、以降は内紛が起こり1864年には南京は落城し、太平天国の乱は終焉を迎えました（岡田英弘『中国文明の歴史』講談社現代新書）。

洪秀全は古代中国の至上神である上帝をキリスト教のヤーウェと等しいものと考え、偶像崇拝を禁じました。中国では道教でも仏教でも神像や仏像を祀りますから、伝統的な中国の宗教に敵対することを意味します。その上で禁欲を説き、すべての人間が上帝の子女、兄弟姉妹として愛し合い、助け合えば、「大同」という理想の世界が実現するとしたのです。

太平天国の思想は多分にユートピア的なものですから、たとえその支配領域を広げたとしても、国家を有効に統治する方策を持ってはいませんでした。その結果、軍資金を確保するために、旧来の地主による土地制度を温存することになってしまいました。それでは理想とする平等の実現はできません。ただし民衆を主体とした国家を実現するという理想は、その後の辛亥《しんがい》革命の先駆をなすものとなりました（小島晋治『太平天国革命の歴史と思想』研文出版）。

太平天国は、清王朝を打倒して新たな中華帝国となることはできませんでした。しかし王朝に乱れが生じた段階で、儒教以外の宗教が反乱を引き起こすというパターンは、元王朝末期の紅巾の乱と共通します。儒教はもっぱら秩序維持の機能を果たす宗教であるのに対して、仏教やキリスト教はそれに反抗する機能を示すのです。これが中華帝国における宗教の特徴になります。

すでに述べたように、中国では仏教が採り入れられた時点で国家による管理が行われました。現在の中華人民共和国の宗教統制も、その伝統を引き継いでいるわけですが、宗教による反乱が王朝の打倒に結びついたことも宗教に対する警戒感を強める要因になっていると考えられます。

儒教については文化大革命の時代に、「批《ひ》林《りん》批《ひ》孔《こう》運動」が高まりを見せました。「林」とは毛沢東の後継者とされながらもクーデターを起こし失脚した林彪《りんぴょう》のことですが、「孔」は孔子のことです。儒教は古い封建的な道徳として強い批判の対象となったのです。

しかし文化大革命が否定され、市場経済が導入されると、中国では「儒教ルネサンス」が生まれ、儒教が再評価され復活しました。中華帝国を支える政治的なイデオロギーである儒教は、しぶとく生き残りました。闘争に重きをおく毛沢東思想では強大な国家の統治がうまくいかないからです。

儒教が生き残ったのであれば、中華思想、華夷思想が生き残ったということかもしれません。中華帝国は経済力をつけることで復活をとげ、これまで以上に、外に向かってその勢力を拡大しようとしているように見えます。あるいは、現代の中華人民共和国は、はじめて他の帝国と並ぶこれまでにない中華帝国への道を歩みはじめたのかもしれません。

# 第４章　イスラムとモンゴルという二つの帝国

## イスラム帝国とモンゴル帝国

イスラムという宗教が歴史の舞台に登場するのは610年のことです。イスラム教はユダヤ教とキリスト教の伝統を引き継ぐ一神教になりますが、その大きな特徴は帝国として広がったことでした。イスラム教が世界に広がる上でイスラム帝国が果たした役割はあまりに大きいのです。

一方、前章で簡単にふれたようにモンゴル帝国は1206年のチンギス・ハーンによる建国にはじまります。モンゴル高原の遊牧民を統合することで生まれた帝国ですが、建国後、瞬く間に広がりました。版図を最大に広げたときの面積は約2400万㎢に達しました。その時点で世界の陸地面積のおよそ17%を占めていました。これは、最盛期に陸地の約4分の1を占めた大英帝国につぐ版図になります。

イスラム帝国もモンゴル帝国も、その出現は世界全体に大きな影響を与えました。もしこの二つの帝国が生まれなかったら、その後の世界史は異なるものとなっていたことでしょう。なにしろイスラム教はキリスト教に次ぐ世界第2位の信仰者数をほこる宗教になったからです。

歴史学者の岡田英弘は、モンゴル帝国が版図を広げ、東の世界と西の世界を結ぶことで、はじめて「世界史」が生まれたことを指摘しています（『世界史の誕生――モンゴルの発展と伝統』ちくま文庫）。

しかし帝国と宗教との関係になると、二つの帝国は性格が異なっています。イスラム帝国はイスラム教という宗教が重要で、それ抜きには成立しないのに対して、モンゴル帝国には固有の宗教が存在しないのです。

ただ、モンゴル帝国の建国に際して宗教が一定の役割を果たしたことは事実です。チンギス・ハーンは、自分が天命を受けて帝国拡大をはじめたからです。

岡田によれば１２０６年の春、モンゴル高原の北部にあるケンテイ山脈のなかにあるオノン河の源に近い草原で、遊牧民部族の代表者が集まって大会議が開かれました。その会議で、モンゴル部族のテムジン、すなわちチンギス・ハーンが各部族共通の最高指導者に選出されました。

チンギス・ハーンにはココチュという義兄弟がいたのですが、彼はシャーマンで、遊牧民の信仰を集めていました。チンギス・ハーンの即位式では、ココチュを通して天の神の託宣が下ります。それは「永遠なる天の命令であるぞ。天上には、唯一の永遠なる天の神があり、地上には、唯一の君主なるチンギス・ハーンがある」というもので、さらに神は天の命令を地上の至る所に伝えるよう命じました。

## イスラム教のはじまり

この点はイスラム教のはじまりとも似ています。啓示からはじまるからです。

イスラム教の開祖はムハンマドです。彼は商人の家に生まれましたが、はやくに父母を亡くし親族の手で育てられました。ムハンマド自身も商人として仕事をするようになり、その才覚を認められて年上の商人だったハディージャという女性と結婚します。ところが中年期に達して悩みを抱えるようになり、メッカ近郊のヒラー山の洞窟にこもって瞑想をするようになりました。

するとあるとき、突然、何者かが現れて、「読め」と命じてきたのです。ムハンマドは読み書きができないので読めないと断ると、その何者かはムハンマドを強く締めつけ、放ったことばを復唱させました。そのことばは、イスラム教の聖典である『コーラン』の最初の章に示されています。

読め！「創造なされた汝《なんじ》の主の御名《みな》によって。かれは、凝血から人間を創られた」

読め！「汝の主はもっとも尊貴なお方、かれは筆によってお教えになった方、人間に未知なることをお教えになった」

（小杉泰『イスラーム帝国のジハード』講談社学術文庫）

ムハンマドのところに現れたのは天使ジブリールでした。ジブリールはユダヤ教の聖典である「ダニエル書」などに登場するガブリエルのことで、マリアに対してイエスを孕んだことを知らせる受胎告知もガブリエルによるものです。

ジブリールを通しての神の啓示がイスラム教のはじまりで、そこからイスラム帝国が生まれました。モンゴル帝国も、神の啓示からはじまる点でイスラム帝国と共通しています。ただし、その後モンゴル帝国では天の神への信仰が大きな意味を持たなかったので、帝国と宗教との関係はイスラム帝国とはまったく違うものになっていきます。そもそも、モンゴル人の信仰には特定の名称がありません。

私たち日本人は神道をはじめ、仏教や儒教、さらにはキリスト教に慣れ親しんできたので、それらをもとに宗教とはこういうものだと考えてきました。ところが、イスラム教はそうした宗教と異なります。もっとも近いのはユダヤ教ですが、ユダヤ教がユダヤ人の民族宗教にとどまったのに対して、イスラム教はアラブ人の民族宗教を超えて世界宗教へと発展しました。

宗教の定義としては、フランスの社会学者、エミール・デュルケムのものがよく知られています。その定義の特徴は「聖と俗との分離」と「道徳的共同社会の存在」を指摘したところにあります。

たしかに、この定義はキリスト教にあてはまりますし、仏教にもあてはまります。どちらの宗教にも世俗を離れた聖職者がいて、教会や寺院という道徳的共同社会が形成されているからです。神道の神社は道徳的共同社会にあたるとは言えませんが、外界から鳥居などによって区別された境内のあり方を見れば、聖と俗とが分離されていることは明らかです。

イスラム教にもモスクという宗教施設が存在します。それは一見すると教会や寺院と同じものに思えます。ところがモスクはあくまで礼拝のための施設で、イスラム教の信者はそこに所属しているわけではありません。その点で道徳的共同社会とは言えないのです。

イスラム教でも共同体自体は重視されます。イスラム教の共同体は「ウンマ」と呼ばれるもので、これはアラビア語で「母」を意味します。ただ、ウンマはイスラム教徒全体が含まれるもので、個々のモスクに集う人たちが一つの共同体を構成しているわけではありません。

聖と俗についても、イスラム教ではそれを分けてはとらえません。キリスト教や仏教の聖職者は世俗を離れ、生涯にわたって独身を守り、家庭を持たないのが原則です。日本では明治以降、僧侶の妻帯が許されるようになりましたが、他の仏教国ではそうしたことはありません。僧侶はあくまで独身を貫きます。

## イスラム教の特殊性

イスラム教には、こうした聖職者はいません。モスクで『コーラン』を唱え説教を行う人間を「イマーム」と言いますが、イマームは俗人です。イスラム教の法学者のことを「ウラマー」と呼びますが、こちらも俗人です。

ムハンマド自身も結婚し、子どもがいました。しかも当時のアラブの社会は一夫多妻制でしたから、ムハンマドにも複数の妻がいました。生涯に結婚した相手の数は12人、あるいは13人とも言われます。ムハンマドが俗人だったわけですからイスラム教に独身の聖職者が生まれるはずもありません。

聖職者がいることで、聖なる世界と俗なる世界への分離が行われます。聖職者のいないイスラム教では、そうした分離はありません。イスラム教において重要なのは、『コーラン』とムハンマドの言行録である「ハディース」をもとにして作り上げられた「シャリーア」と呼ばれるイスラム法です。イスラム法で規定されたことは宗教だけではなく、世俗のことにも及びますから、そこでも聖と俗との分離は起こり得ないのです。

イスラム教はデュルケムの定義にはあてはまりません。少なくとも、これまで述べてきたキリスト教や仏教と性格が違うことは間違いありません。

イスラム教と似ている宗教としては、前述のようにユダヤ教があります。ユダヤ教では「ハラハー」と呼ばれるユダヤ法があり、これが信者の生活の規範となります。イスラム法が形成される上で、ユダヤ法の影響は極めて大きなものです。豚を食べてはならないといった食物規定ではユダヤ法とイスラム法に共通点があります。

宗教ということで一括りにはされていますが、個々の宗教によってあり方は大きく異なります。日本人は仏教やキリスト教に慣れ親しんでいるため、イスラム教についても同じようなものとしてとらえがちですが、性格は異なります。イスラム帝国のことを考える上で、その点は無視できません。

## 神の啓示を受けたムハンマド

イスラム教のはじまりについては、すでに述べました。ムハンマドはヒラー山の洞窟で神の啓示を受けたわけですが、それは突然のことで、一介の商人だった彼を当惑させたに違いありません。

しかし、そこからムハンマドがイスラム教の信仰をどのように伝えていったのか、詳しいことはわかりません。

キリスト教のイエス・キリストは神の子とされ、その中心的な教義である三位一体説では神と同格であるとされました。イエスは神でもあります。ですから、イエスがどのような生涯を歩んだのか、詳しいことが「福音書」に記されています。

ところがムハンマドは俗人で、神でも、神の子でもありません。ムハンマドの言行はスンナ（慣行）として伝えられてきました。「ハディース」はそれを後の時代の法学者が集め、まとめたものです。ムハンマドはあくまで人間で、重要なのは神の啓示ですから、その伝記はさほど重視されません。それゆえにムハンマドが人生に迷い瞑想をはじめる前、どういった悩みを抱えていたのか具体的なことは伝えられていないのです。これは仏教において釈迦の抱えた悩みが詳しく伝えられているのとは対照的です。

神の啓示を受けたムハンマドのことを最初に信じたのは、妻のハディージャでした。ただ、単純にハディージャをイスラム教の信者第1号としてとらえていいのかについては議論の余地があります。というのもムハンマドには、自分が新しい宗教を創始したという自覚がなかったからです。

ムハンマドは、神の啓示は、それまでさまざまな人間に下されてきたと考えました。アブラハムやモーセ、その他、ユダヤ教の聖典に登場する預言者、そしてイエスなどにです。啓示は下されたけれど、自分よりも前の人間は、それを正しく理解できなかったというのがムハンマドの立場でした。

ムハンマドが信仰の模範としたのがアブラハムです。アラビア語ではイブラーヒムとなります。アブラハムは高齢になって子どもを授かりますが、神はその信仰を試すために、子どもを犠牲にするよう命じます。アブラハムは何の疑問も抱かずに山に息子を連れていき、犠牲にしようとします。犠牲になれば火で焼かれ、命はありません。神はそれを見て、犠牲を中止させ、代わりに動物を犠牲にするよう命じます。

神は人間に対していじわるをしたとも言えますが、これによってアブラハムが揺るぎない信仰者であることが証明されました。これを踏まえムハンマドはアブラハムを信仰の模範としたわけですが、ここで注目しなければならないことがいろいろとあります。

アブラハムが犠牲にしようとした子どもはイサクで、正妻とされるサラとのあいだに生まれました。アブラハムは、サラになかなか子どもが産まれないので、サラに勧められたエジプト人の侍女とのあいだにイシュマエルという子どもを得ていました。

## 「創世記」からはじまるアラブ人の物語

一般にイサクはユダヤ人の祖で、イシュマエルはアラブ人の祖と言われますが、「創世記」にはっきりと記されているわけではありません。後世にそう言われるようになったのです。そもそも「創世記」を含む「トーラー」の編纂は紀元前550年前後と言われますが、その時代に私たちが考えているような民族のとらえ方はありませんでした。

イシュマエルを自分たちの祖と考えるようになったのはアラブ人自身のようですが、すでに述べたように、本来、「創世記」はユダヤ人の民族の物語です。アラブ人の物語ではありません。しかし「創世記」の物語は古代オリエントにおいて広く受容され、各民族のあいだでその物語が共有されるようになっていきます。おそらく古代にオリエントでは「創世記」で語られた以上に整った民族の物語が存在しなかったからでしょう。

イスラム教も、そのことを利用しました。もしイスラム教が「創世記」とは異なる形で世界のはじまりから人間の歴史を描き出したとしたら、周囲の反発を招き、勢力を拡大することはできなかったかもしれません。イスラム教は、それが広がった地域にすでに存在した文化を土台に、ムハンマドが啓示を下されたという新たな物語を付け加えることで受容されていったのです。

それと似たことは、神殿についても言えます。イスラム教徒は一日に5回礼拝を行いますが、世界中のどこであっても、聖地であるメッカの方角に向かって行われます。メッカの重要性は、そこにカアバ神殿があるところに示されています。

アラビア語の世界にも人名や地名など固有名詞はありますが、イスラム教関係の重要なことばは固有名詞ではなく、普通名詞です。アッラーはアラビア語に近い表記ではアッラーフですが、神を意味する普通名詞です。イスラム法のシャリーアも「水場に至る道」を意味します。そしてカアバも立方体を意味します。

たしかにカアバ神殿は立方体です。巡礼が行われるときには金の糸で刺繡が施された黒い布であるキスワがかけられますが、石造りで、なかには柱以外、特別なものはありません。そこにご神体が祀られているわけではないのです。

イスラム教の考え方では世界そのものが神ですから、神はカアバ神殿にいるわけではありません。神殿ということばもアラビア語にはついていません。

カアバ神殿が礼拝の対象になるのは、ムハンマドが歴史の舞台に登場する前からアラブの各部族がそれぞれの神をそこで祀っていたからです。360の神像があったとされますが、ムハンマドはそれを一掃してしまいました。偶像崇拝の禁止は「モーセの十戒」に示されたように、神の命じるところです。ムハンマドはイスラム教以前の多神教の神殿を、自分たちの礼拝の対象へと改めていったのです。

ムハンマドが強調したのは、唯一絶対の創造神への信仰です。イスラムということばは、神に対しての絶対的な服従を意味します。イスラム教徒は「ムスリム」と呼ばれますが、すべてを神に委ねた人間のことをさします。こうした姿勢は、すでに「モーセの十戒」に示されていました。これは当時のアラブの社会に広まっていた多神教の信仰とは相いれません。ムハンマドがカアバ神殿の神像を一掃してしまったのも、多神教の信仰をまっこうから否定するためでした。

## 『コーラン』のおおもとの過激な教え

ムハンマドの死後、彼に下った啓示を集めて『コーラン』が編纂されます。『コーラン』は先に紹介した第1章を除くと、長い順に各章がおさめられていますが、第9章には「多神教徒は見つけ次第、殺してしまうがよい。ひっ捉《とら》え、追い込み、いたるところに伏兵を置いて待伏せよ」（『コーラン㊤』井筒俊彦訳、岩波文庫）という箇所があります。随分と物騒なことばであるように読めますが、それだけ多神教徒との戦いは熾烈を極めました。

イスラム教の核心にはイスラム法があり、その法を社会全体に適用させるためには、イスラム教徒が多数になる状況を作り出していかなければなりません。多神教徒はイスラム法を守らないので、一掃するか改宗させるかしかないのです。

第9章の続きでは「しかし、もし彼らが改悛《かいしゅん》し、礼拝の務《つと》めを果《は》たし、喜《き》捨《しゃ》もよろこんで出すようなら、その時は遁《に》がしてやるがよい。まことにアッラーはよくお赦《ゆる》しになる情《なさけ》深《ぶか》い御神におわします」と述べられています。イスラム教の教えに従うならば、たとえ多神教徒でも殺したりはしないというわけです。

後に、イスラム教徒が多数を占めている社会は「イスラムの家」と呼ばれるようになります。反対にイスラム教徒が少数派である社会は「戦争の家」と呼ばれます。イスラムの家はイスラム教徒全体の共同体であるウンマとも重なってきますが、ウンマが拡大すればイスラム法が守られる社会がそこに生み出され、神への信仰が行き渡ったことを意味します。

イスラムの家を拡大する行為が「ジハード」です。ジハードは聖戦と訳されますが、もともとは奮闘努力の意味で、こころのなかにある悪を克服することをさしていました。こちらは「大ジハード」とも呼ばれ、イスラム教を広げるために武力を用いて戦うことは「小ジハード」であるとされます。内面の努力の方が重要だというわけです。

しかし多神教徒に周囲を囲まれている状況では、小ジハードの方が重要視されていきます。初期のイスラム教は多神教徒からの迫害を受け、それに対抗するために武器を持って戦いました。

しかし、劣勢状態は続きます。ムハンマドにとって最大の理解者であった妻のハディージャが亡くなったことで、メッカからメディナへ移ることを余儀なくされます。メディナにはイスラム教の理解者が多かったからで、この行為は「聖遷（ヒジュラ）」と呼ばれました。

## 部族社会からなるアラブの世界

アラブは部族社会であると言われます。ここで言う部族とは特定の男性と血縁でつながった集団のことです。ムハンマドの場合、クライシュ族のハーシム家に属していますが、クライシュとはムハンマドの11代前の祖先のことで、ハーシムとはムハンマドの曾祖父のことです。祖先を共通にする人間たちの集団が部族を作り、そのなかでいくつもの家に分かれていくのです。

同じ部族、同じ家に属している人間たちは仲間ということになりますが、部族同士の対立がどうしても生まれます。それにクライシュ族は高貴な部族でも、ハーシム家は貧しかったとされます。

世俗の論理から見れば、ムハンマドに神の啓示が下り、それに従ってイスラム教の教えを広げようとしたことは、ムハンマドとハーシム家の社会的な地位を上げる試みとして解釈できます。ムハンマドは大きく時代を遡り、自分たちの究極の祖はアブラハムやイシュマエルであるとして、部族を超えた連帯を呼びかけたからです。

しかし、そうした主張は、それまで優位な立場を保っていた他の部族、他の家にとっては既得権益を脅かされることを意味します。一面では、ムハンマドの多神教徒との戦いは、部族間の争いという意味合いを持っていました。

ただ、帝国という観点を導入すると、両者の戦いの意味は異なるものになってきます。帝国は版図を広げることで広い範囲からより多くの税金を徴収し、富の蓄積をはかる試みです。部族同士が争っていては、それはかないません。当時のアラブの社会では、経済的に豊かさを求めようという気運が高まっていたので、ムハンマドはその流れに乗ったとも解釈できます。

実際、イスラム帝国の拡大は、経済的な利益を生み出すことに結びつきました。

ムハンマドは632年に亡くなります。ムハンマドが生きていた時代、イスラム教が広がった地域はアラビア半島の西の部分だけでした。ムハンマドの没後、彼の親族であったアブー・バクルが後継者となり、「神の使徒の代理人」を意味するカリフに就任します。その後、カリフの地位はウマル、ウスマーン、アリーへと受け継がれていきますが、この4代のカリフは「正統カリフ（正しく導かれた代理人たち）」と呼ばれ、特に重視されます。

正統カリフの時代にイスラム教の支配領域は拡大し、エルサレムやエジプト、ペルシアにまで広がっていきました。現在でもそうですが、エルサレムはイスラム教だけではなくユダヤ教やキリスト教の聖地でもあります。当初、イスラム教徒はメッカではなく、エルサレムの方角に向かって礼拝を行っていました。

ユダヤ教にとってエルサレムは発祥の地で、世界中に離散する前はそこに神殿が設けられていました。神殿は破壊されましたが「嘆きの壁」が残り、ユダヤ教徒は現在でもその前で祈りを捧げます。

キリスト教にとっては、エルサレムはイエスが活動し、十字架にかけられて殺された地です。そこにはイエスを葬った聖墳墓教会があります。

『コーラン』の第17章では、神はムハンマドをメッカのモスクからエルサレムのモスクへ夜行させ、世界のはじまりからムハンマドへ至る歴史や、礼拝や断食などの信仰生活のあり方を示されたとされています。そのエルサレムのモスクとされる場所に、正統カリフ時代の後のウマイア朝の時代に、「岩のドーム」が建てられました。

## イスラム帝国は莫大な収入を得る

その意味で、イスラム帝国がエルサレムを支配下においたことは重要です。だからこそ後に十字軍の襲来を受けることにもなるのですが、支配領域が拡大することで、第2代のカリフ、ウマルの時代には、戦利品や収税によって莫大な収入が入るようになります。信仰の拡大は経済の拡大に直結したのです。

そうなると、増えた収入をいかに分配するかが問題になってきます。ウマルはイスラム教の拡大に長年貢献してきた人間に優先的に分配するやり方をとりました。それは「サービカ」と呼ばれ、先達であることを意味します。つまり、いち早くイスラム教に改宗した人間が優先されたのですが、合わせてムハンマドとどれだけ血縁として近いかも考慮されました。そして戦士たちも戦利品を分配されるだけではなく、俸給の支給を受けることになりました。

これによって、信仰が経済的な利益に直結することになりました。イスラム教は仏教やキリスト教とは異なり、禁欲を強調しない宗教です。ムハンマドが商人だったこともあり、商売にも肯定的で、キリスト教のように同じモノを別のところで売るだけで利益を得る商取引を否定したりはしません。

けれどもイスラム教の拡大が金銭的な利益に直結するとなると、それが原因で堕落する可能性が出てきます。ウマル自身は質素で清貧な生活を送り、家族にも富を享受させなかったといいます。禁欲の方向に向かったわけです。

また、イスラム教が拡大を続けている間は収入が増えていくわけで、改宗した人間が増加しても富の分配は円滑に行われます。ところが拡大が止まれば、それがうまくいかなくなり、不満が生じます。後世では信仰上の理想が保たれたと評価されている正統カリフの時代でも、内部では抗争が続いていました。実際、第3代と第4代のカリフであったウスマーンとアリーは暗殺されています（前掲『イスラーム帝国のジハード』）。

ウスマーンはウマイア家に属していて、カリフであった時代にはウマイア家を優遇し、それがクライシュ族の他の家の反発を招き、暗殺されました。一方、アリーはムハンマドと同じくハーシム家で、しかもムハンマドの父方の従弟である上に、ムハンマドの娘、ファーティマと結婚していました。

アリーがカリフになる際にはウマイア家のムアーウィヤと争いになり、ムアーウィヤは、アリーの死後にカリフに就任して、ウマイア朝を開きます。これにアリーの支持者が反発し、アリーの息子であるハサンとフサインはウマイア朝と戦うことになります。ただ、ハサンはその途中で亡くなり、フサインはカルバラーの戦いに敗れ、殺されてしまいました。

## 「シーア派」と「スンニ派」

この争いの後、アリーと彼の子孫だけをムハンマドの正統的な後継者と認める「シーア派」が成立します。これがイスラム教における分派になり、シーア派でないイスラム教徒は「スンニ派」とされるようになります。

シーアとは「党派」の意味で、フサインが殉教したことを忘れないために、毎年「アーシューラー」という行事を営んできました。虐殺された恨みを決して忘れようとはしないわけですから、シーア派とスンニ派が和解するのは不可能です。

ここで注目されるのは、シーア派が広がった地域です。シーア派は現在のイランを中心に、その周辺に広がっています。したがって、地政学的にはスンニ派とのあいだで棲み分けがなされていることになります。スンニ派は多数派で、中東から北アフリカ、中央アジア、東南アジアに広がっています。イランは古代からペルシアの文明が栄えてきた地域で、ゾロアスター教やマニ教といった善悪二元論を特徴とする宗教が生み出され、アレクサンドロス大王の帝国やローマ帝国にも影響を与えてきました。

そう考えると、シーア派はイスラム教ではありますが、ペルシアの宗教としてとらえるべきかもしれません。スンニ派への憎悪を絶やさないのも、善悪二元論の影響が考えられます。礼拝のやり方にしてもシーア派では5回のうち2回を併せてやり、計3回としています。

そして、彼らはアリーの正統的な継承者を「イマーム」と呼びます。スンニ派ではイマームは『コーラン』を朗誦する導師の役割を果たすだけですが、シーア派のイマームはカリフと同義です。しかもイマームは途中で「お隠れ」になり、最後の審判のときに再臨するとされています。こうした信仰はスンニ派にはありません。

イスラム教は神を唯一絶対の存在ととらえ、そのもとで人間は平等だという考え方をとります。ところが、その一方で部族や家のあいだの区別、差別も存在し、それによって平等が脅かされる危険性もありました。

しかも前述のウマイア朝では、イスラム教に改宗した人間は「二級ムスリム」の扱いを受けました。そのため、ムスリムには本来免除される人頭税を支払わなければなりませんでした。それがウマイア朝が倒され、アッバース朝が生まれる一つの原因にもなりました。

アッバース朝は版図を広げイベリア半島にまで達し、第5代カリフのハールーン・アッ=ラシードの時代に最盛期を迎えます。その頃のアッバース朝の首都はバグダードですが、人口は150万人を超えたとされます。

## イスラム帝国は他宗教を認める

イスラム帝国も他の帝国と同様、版図のなかにさまざまな民族が暮らし、イスラム教とは異なる信仰を持つ人々も生活していました。ですが、イスラム帝国は自分たちの信仰をあえて強制はしませんでした。たとえばユダヤ教徒とキリスト教徒に対しては、同じ神の啓示に従っているという点から「啓典の民」ととらえ、人頭税さえ支払えば、それぞれの信仰を持ち続けることを認めたのです。

これはイスラム教独自の共存の方法で、ローマ帝国やキリスト教社会から差別されたユダヤ人にとっては好都合でした。ユダヤ人はアラブ人と同様に商業活動に活路を見出していきましたから、その点でも商売の価値を認めるイスラム帝国は好ましいものだったのです。

イスラム帝国では、人頭税の支払いを嫌って徐々にイスラム教に改宗する者も出てきましたが、そのスピードはけっして速くはありませんでした。その原因は聖職者の不在です。

キリスト教ではイエス・キリストの教えは「福音」とされ、それを伝えていくことが信者のつとめとされました。その際に聖職者が存在したことは大きな意味を持ちました。聖職者は宗教活動、布教活動だけに専念できたからです。

ところがイスラム教には、そうした聖職者はいません。俗人は、それぞれ仕事を抱えていますから、宣教活動に専念できません。だからこそイスラム教への改宗は徐々にしか進まなかったのです。

しかし小杉も指摘しているように、いったんイスラム教への改宗が行われると、その信仰は定着します。外から別の宗教が入ってきても、信者がイスラム教を捨てることはほとんどありませんでした。キリスト教の場合だと、一時、北アフリカに広がりましたが、その地域はその後イスラム教に取って代わられています。

イスラム教の核心にはイスラム法があり、改宗した人間はそれに従って生活を成り立たせていますから、一度改宗するとそこから離れることが難しくなります。キリスト教はそうした世俗の生活にまで影響する宗教法が確立していないので、状況が変わると別の宗教への改宗が起こりやすくなるのです。

イスラム教は、その後、南アジアや東南アジアに広がっていきます。インドを中心とした南アジアには、ガズナ朝やゴール朝といったイスラム王朝が進出しますが、定着はせず、13世紀のデリー・スルタン朝によって本格的にイスラム教が浸透していきます。ここでも帝国がイスラム教を広げたわけです。第二次世界大戦後はイスラム教の国家としてパキスタンとバングラデシュが独立し、インド国内にも多くのイスラム教徒が残っています。

現在、東南アジアのインドネシアがイスラム教徒の人口をもっとも多く抱える国家で、その数は約2億人とされています。インドネシアのイスラム化について、小川忠は『インドネシア　イスラーム大国の変貌――躍進がもたらす新たな危機』(新潮選書)のなかで、数百年かけて穏やかに進行したこと、交易のために渡来したアラビア人やペルシア人、インド人など多様な人々が布教者となったことを特徴としてあげています。王国はそこにかかわっていますが、帝国のもとでイスラム教が拡大したというわけではないのです。

## チンギス・ハーンにはじまるモンゴル帝国の拡大

では、モンゴル帝国はどうなのでしょうか。チンギス・ハーンが天の啓示を受けた時代のモンゴルは諸部族がモンゴル部とタタール部とに分かれ、対立していました。チンギス・ハーンはそこから台頭していったのです。チンギス・ハーンは1215年に満州一帯を支配していた女真族の金を打ち破り、現在の北京を陥《おとしい》れたのを皮切りに、南ロシアや中央アジア、そしてイスラム教が広まった地域にまで版図を広げていきました。

チンギス・ハーン自身は1227年に中国六盤山の南にあった野営地で亡くなってしまいますが、天の命を受けて世界を征服する野望は子どもたちに受け継がれます。モンゴル軍はロシアの諸公国を占領し支配するとともに、ヨーロッパにまで攻めのぼり、ポーランド、ハンガリー、モラヴィア、オーストリア、クロアチアを次々と屈伏させ、最後にはアルバニアにまで到達しました。

モンゴル帝国が急速にその勢力を拡大することができたのは、進出した地域、特に中央アジアには統一された帝国や王国が存在しなかったからです。モンゴルは、その間隙をぬって領土を拡張していったのです。

まずモンゴルが征服したのは、チベット系のタングート族が建てた西夏王国でした。この王国は中国の西北部を支配していましたが、モンゴル軍はチンギス・ハーンが即位する前から侵入していて、1227年には滅ぼしてしまいます。

その後、トルコ（テュルク）系遊牧民の西ウイグル王国、女真族の金帝国、契丹人のカラ・キタイ帝国を次々と征服していきます。そして中央アジアからイラン高原に至る地域

郵 便 は が き

料金受取人払郵便

小石川局承認

1107

差出有効期間
2024年 7 月 9
日まで

1 1 2-8 7 3 1

東京都文京区音羽二丁目
十二番二十一号

講談社 学芸部

現代新書 行

愛読者カード

あなたと現代新書を結ぶ通信欄として活用していきたいと存じます。ご記入のうえご投函くださいますようお願いいたします。

(フリガナ)
ご住所 〒□□□-□□□□

(フリガナ)
お名前

生年(年齢)
( 歳)

電話番号

性別 1 男性 2 女性

メールアドレス

ご職業

★**現代新書**の解説目録を用意しております。ご希望の方に進呈いたします(送料無料)。

1 希望する 2 希望しない

TY 000043-2205

| この本の<br>タイトル | |
|---|---|

本書をどこでお知りになりましたか。

1 新聞広告で　2 雑誌広告で　3 書評で　4 実物を見て　5 人にすすめられて
6 新書目録で　7 車内広告で　8 ネット検索で　9 その他（　　　　　　　　　　）
＊お買い上げ書店名（　　　　　　　　　　　　　　　　　　　　　　　　　　）

本書、または現代新書についてのご意見、ご感想をお聞かせください。

最近お読みになっておもしろかった本（特に新書）をお教えください。

どんな分野の本をお読みになりたいか、お聞かせください。

★下記ＵＲＬで、現代新書の新刊情報、話題の本などがご覧いただけます。
gendai.ismedia.jp/gendai-shinsho

を支配していたトルコ系のイスラム帝国、ホラズム・シャー朝を滅ぼし、北インドの平原にまで勢力を拡大します。

さらには西ヨーロッパの征服に乗り出しますが、オーストリアまで到達したところで引き揚げ、それ以降はヨーロッパ征服に乗り出さなくなります。

西アジアではバグダードを攻めてアッバース朝を滅ぼし、中国では南宋を破って元王朝を打ち立てます。さらには雲南のタイ人の王国や朝鮮半島の高麗も征服します。このようにして、モンゴル帝国は広大な版図を治めることになったのです。

## モンゴル帝国のウルス

モンゴル帝国のなかには、「ウルス」と呼ばれる集合体が存在しました。そこには「ハーン」の称号を持つ君主がいて、その所領のなかに遊牧民と家畜、定住民が属していました。定住民は労働力として駆り出されました。ウルスの規模はさまざまですが、大きなものとしてはフビライ家の元王朝（大元ウルス）、中央アジアにあったチャガタイ家のチャガタイ・ハーン国、西アジアのフレグ家のイル・ハーン国、そして東ヨーロッパにはジョチ家のキプチャク・ハーン国がありました。

モンゴル帝国はウルスの集まりになるわけですが、それを統合したのはチンギス・ハーンに対する尊敬と、彼が天から受けた世界征服の神聖な使命への信仰でした。そのためハーンの称号を名乗ることができたのは、チンギス・ハーンの血を父方から継承した男子だけでした（前掲『世界史の誕生』）。

ただ、これだけ急速にモンゴル帝国が拡大していったことは、その版図にモンゴル人だけではなく、多種多様な人間の集団、民族が含まれるようになったことを意味します。

イスラム帝国はユダヤ教徒やキリスト教徒を啓典の民ととらえることで自分たちの仲間に組み入れたわけですが、同じことはモンゴル帝国でも見られました。

その際に重要なのが、「イル」ということばでした。イルはトルコ系のテュルク語でモンゴル語としても使われるようになりますが、「同じ集団、同族、同類」をさします。杉山正明は、従来は征服することや降伏させることとして訳されてきた「イルとなる」ということばについて新たな解釈をしています。テュルク語のイルはモンゴル語のウルスと同じ意味で、仲間になり、敵と味方の関係ではなくなることだと指摘しています（『モンゴル帝国と長いその後』講談社学術文庫）。

このように見ていくとモンゴル帝国のウルスはイスラム帝国におけるウンマと重なります。ウンマはイスラム教の共同体を意味しますが、ウルスもモンゴルという仲間によって構成された共同体を意味するからです。

ではウルスにおいて、信仰はどれほど重要な意味を持ったのでしょうか。

チンギス・ハーンがモンゴル帝国の拡大をめざしたとき、そのきっかけになったのは天の神からの託宣でした。その点で、帝国の版図を拡大していく試みは宗教的なものでした。

ただ、版図を広げていく中心的な目的は経済的なところにありました。帝国が広がりウルスという王朝が成立すると、それを維持するために君主は部下の遊牧民の戦士に絶えず略奪の機会を与えるか、財物を下賜し続け、遊牧民の支持を確保しなければなりませんでした。そうした経済的な利益が得られなければ、戦士たちは他の君主に乗り換えてしまうからです（前掲『世界史の誕生』）。

略奪という行為は遊牧民の戦士からの支持を得るには有効でも、略奪される側からは反発を受けます。だからこそ元王朝は短命に終わってしまったわけですが、モンゴル帝国には略奪を抑制するような仕組みが整っていなかったとも言えます。本来それは宗教の役割になりますが、その宗教がモンゴル帝国では十分に発達しなかったのです。

そこには遊牧民であるということが深く関係していました。

## 固有の宗教と文字を持たなかったモンゴル帝国

モンゴル人は遊牧民で、絶えず移動する民族です。その際に、「ゲル」と呼ばれる移動式のテントを張って生活をします。政治の場も、そうしたゲルになるわけです。

モンゴル帝国が広がっていくなかで都市を占拠したり城塞を築いたりすることもありましたが、遊牧生活のなかでは神殿を建てることはありません。礼拝施設を作るという発想自体が生まれません。

しかもチンギス・ハーンのもとでモンゴル帝国が拡大をはじめるまで、モンゴル人は文字を持っていませんでした。文字を使うようになるのはトルコ系のナイマン王国を攻め、捕虜にしたウイグル人の宰相から印璽《いんじ》と文字の重要性を教えられてからです。

そこからやがてモンゴル文字が生み出されることになりますが、文字がなければ宗教の教えを聖典としてまとめあげることはできません。モンゴル人には神殿も聖典もなかったわけで、確固とした宗教が確立される基盤そのものが確立されていなかったのです。確固とした宗教不在のまま拡大したところに、モンゴル帝国の第一の特徴があったとも言えます。

しかも、モンゴル帝国は拡大が急速であったため、どの地域においても支配層となるモンゴル人は少数派にとどまっていました。そもそもモンゴル人が自分たちの宗教を支配した人たちに対して押しつけることは不可能だったのです。

そこでモンゴル帝国は進出した地域の宗教を採り入れることになりました。当然、地域によって信仰されていた宗教は異なります。モンゴル帝国は領土全体で一つの宗教を採用するのではなく、それぞれの地域で異なる宗教を信仰対象としました。モンゴル人は現地の宗教を受け入れるしかなかったのです。

その結果、モンゴル帝国の東方ではチベット仏教が、西方ではイスラム教が信仰されることになりました。

モンゴル人が最初にチベット仏教に出会ったのは13世紀のことでした。1246年にサキャ・パンディタ・クンガゲルツェンというチベット仏教サキャ派の僧侶がモンゴルを訪れ、仏教の灌頂《かんじょう》と講義を行って以来、仏教は次第にモンゴル人のあいだに受け入れられ、主要な宗教として定着していきました。

その後はダライ・ラマが属するゲルク派の教えが栄えるようになり、ゲルク派の創始者ツォンカパの主著である『菩提道次第大論』は数回にわたってモンゴル語に翻訳されました（大谷大学学位請求論文、ARILDII BURMAA「モンゴルにおけるチベット仏教受容の一形態―モンゴル語訳『菩提道次第大論』と『正字法・賢者の源』を中心として―」）。

## 仏教の聖典が変容していく理由

一神教の世界ではユダヤ教でもキリスト教でもイスラム教でも聖典は一つに定まっていて、後世にそれに変更が加えられることはありません。神の啓示をまとめたものですから人間が書き改めてはならないのです。

それに対して仏教は開祖である釈迦が説いたことが明確に伝わっていないこともあり、聖典は次々に新しいものが作られていきました。パーリ語で書かれた部派仏教の聖典でも、釈迦が実際に説いたことが含まれているという保証はありません。ましてかなり後になって作られたサンスクリット語による大乗仏教の聖典ともなれば、その内容は多岐にわたっており、相互に異なります。その分、仏教は自由な形で変容をとげていきました。

そのなかで生まれたのが密教です。密教はインドの神秘思想の影響を強く受け、祈禱などによって現実の状況を変容させ、利益をもたらすものと考えられました。その魅力は絶大でした。日本でも平安時代に中国から密教がもたらされると、たちまち仏教界を席捲しました。

チベット仏教は密教のなかでもより神秘的な性格が強い後期密教を基盤としていました。日本に伝わったのは中期密教までです。仏教自体について知識のなかったモンゴルの人々が、さまざまな象徴に満ち、神秘的な儀礼を実践するチベット仏教に魅了され、それを採り入れても不思議ではありません。

一方、モンゴル帝国の西の地域では13世紀のなかばにイル・ハーン国が成立します。この王朝を打ち立てたのはチンギス・ハーンの孫にあたるフレグ・ハーンで、その第7代君主となったのがガザン・ハーンでした。

ガザン・ハーンが君主に即位したとき、イル・ハーン国は内紛や政変によって混乱状態にありました。ガザンの父親である第4代の君主アルグンが亡くなった後、その弟が政権を引き継いだのですが、従弟であるバイドゥに殺されてしまいました。ガザンは1295年、バイドゥを殺害することで君主として即位しました。

ガザンは支配体制を再構築し財政基盤を安定させることで、イル・ハーン国を繁栄に導くことになりますが、その過程で、自らイスラム教に改宗します。もともとガザンの家では仏教、特にチベット仏教が信仰されていて、仏教の寺院を建立したりしていました。ところがイル・ハーン国の支配地域では次第にイスラム教が勢力を拡大し、モンゴル人のなかにもイスラム教に改宗する人間が増えてきました。ガザンは、そうした人々の支持を得るために自らも改宗したのです。

この時代、モンゴル帝国のハーン国としては、イル・ハーン国の他に、キプチャク・ハーン国、オゴタイ・ハーン国、チャガタイ・ハーン国がありましたが、このうち、キプチャク国とチャガタイ国でもイスラム教が受け入れられました。元王朝でも、モンゴル人の下で支配階級となったのはペルシア人などの色目人で、彼らはイスラム教徒でした。

ただ、モンゴル帝国がイスラム教を受け入れることでイスラム帝国に変容したのかと言えば、必ずしもそうではありません。

杉山正明は、イル・ハーン国が支配したイランを中心とした地域においてはイスラム教だけではなく、ネストリウス派やヤコブ派といった、公会議で異端とされたキリスト教が広がっていて、イスラム教一色ではなかったと指摘しています。ガザン・ハーンの家でもチベット仏教が信仰されていたわけですから、多様な信仰が併立したことになります（前掲『モンゴル帝国と長いその後』）。

## 法学者がイスラム教のあり方に異議を唱える

この時代において、イル・ハーン国がイスラム教の信仰を正しく受け入れているか疑問を呈したイスラム教の法学者がいました。イブン・タイミーヤという人物です。

タイミーヤはイル・ハーン国とは対立関係にあったスンニ派のマムルーク朝の軍隊の従軍法学者という立場にありました。そしてイル・ハーン国のモンゴル人は表向きはイスラム教徒に改宗しているけれど、中身が伴っていないと主張しました。本当のイスラム教徒ではないというのです。そうである以上、たとえイスラム政権であってもイル・ハーン国を打倒することはかまわない、それはジハードに相当するという論理を打ち立てたのです。

タイミーヤは神の絶対性を強調し、シーア派やイスラム教の神秘主義に反対する立場をとっていました。イスラム法の法源についても、もっぱら『コーラン』とスンナによるべきだとして厳格にイスラム法に従うべきことを強調しました。信仰の純粋さを徹底して追求するタイミーヤの姿勢はあまりに過激なものであったため、周囲と対立し、何度も投獄され、最後は刑死してしまいました（『シャリーアによる統治』湯川武・中田考共訳、日本サウディアラビア協会）。

タイミーヤの主張が正しいのかどうかは検証する必要がありますが、モンゴル帝国がイスラム帝国に変貌したとは言い難い部分を持っていたことはたしかでしょう。イスラム教はイスラム法の世界で、それが社会規範として機能します。モンゴル人による支配のあり方は仲間を広げるという点ではイスラム帝国の考え方と共通しますが、モンゴル帝国では始祖であるチンギス・ハーンの権威が絶大ですから、唯一絶対の神に対する信仰を本当の意味で受け入れることは難しかったのではないでしょうか。

イスラム帝国の特徴は、イスラム教という宗教と一体の関係にあり、帝国の拡大がそのままイスラム教の拡大に結びついたことです。ただ、帝国のなかでイスラム教の信仰が強制されたわけではなく、啓典の民には税金を課す代わりに、彼ら自身の信仰を許しました。改宗も自発的に行われるよう、強制はしなかったのです。

それに対して、モンゴル帝国の場合には、固有の宗教というものを持たないことが特徴で、帝国の拡大が宗教を広めることには結びつきませんでした。逆に、拡大した地域の信仰をモンゴル帝国は採り入れていきました。その分、モンゴル帝国が消滅した後に宗教が残るということにはならなかったのです。

次章では、第2章で扱ったローマ帝国が東西に分かれて以降の流れを追うことになります。

# 第5章

# 二つの帝都——ローマとコンスタンティノープル

## 古代の帝国は現在の領域国家と異なる

古代ローマ帝国は版図を広げ、広大な領域を支配下におきました。

もっとも南川高志が指摘しているように、ローマの大帝国は「排他的な支配の及ぶ均一な空間」ではなく、その末端が明確に国境によって区切られているものではありませんでした。「文明という普遍的価値を持った世界帝国という歴史像は、私見によれば、近代のヨーロッパ人が作り上げたもの」だというのです（『海のかなたのローマ帝国――古代ローマとブリテン島』岩波書店）。

これについてはローマ帝国だけではなく、すべての帝国に当てはまります。世界の歴史のなかに登場した数々の帝国を、今日の領域国家と同じものととらえることはできません。領域国家には明確な国境があり自国と他国が区別されますが、帝国にはそうした国境は存在しません。末端になれば、果たして帝国の支配が及んでいるのかどうか判然としなくなっていきます。

帝国が広がりすぎれば、全体を一人の皇帝によって支配することが難しくなります。ローマ帝国では、３９５年にテオドシウス１世が亡くなると、長男のアルカディウスが東方の領土を、次男のホノリウスが西方の領土を支配するようになり、一人の皇帝がローマ帝国全体を統治することはなくなりました。これをもってローマ帝国は東西に分裂したと見なされています。

ただ、当時のローマ帝国の人々が分裂を自覚していたかと言えば、そうではありません。東西を二人の皇帝が支配する体制が継続され、いつの間にか帝国が分裂していたという状態だったのです。

分裂した後の西ローマ帝国はイタリア以西のヨーロッパ、あるいは北アフリカを領土としましたが、476年にゲルマン人の傭兵隊長であったオドアケルがロムルス・アウグストゥルスを退位させたことで滅亡しました。ただ、その後も西ローマ帝国のもとにあった地域は、帝国に由来する政府や諸機関、諸制度がそのまま統治のために維持されます。497年には今日のイタリア全土を含む形で東ゴート王国が成立しますが、依然として東を中心としたローマ帝国に属する形が残り、立法権なども東ローマ帝国の皇帝が保持していました。

西ローマ帝国が滅んだ後も、その再興を求める気運は西ヨーロッパに残りました。それを具体化したのが800年に成立するカール大帝のフランク王国であり、962年のオットー1世の神聖ローマ帝国になります。

この二人の皇帝について重要なのは、ローマ教皇から帝冠を授けられたことです。ここに皇帝の権力を支える存在としてローマ教皇が登場します。ローマ教皇の存在は西ローマ帝国が滅亡して以降の西ヨーロッパにおいて、極めて重要な意味を持ちます。

ただ、ローマ教皇をどのような存在としてとらえるかは難しい問題をはらんでいます。

現在、ローマ教皇がいるのはバチカンで、そこにはサンピエトロ大聖堂が建っています。サンピエトロとは聖ペテロを意味しますが、ペテロはイエス・キリストの筆頭の弟子で、カトリック教会は初代の教皇に位置づけています。大聖堂には聖ペテロの聖遺物、つまりは遺骨とされるものが安置されています。

代々の教皇は「イエス・キリストの代理者」とされ、聖人と認められた者もいます。東方正教会でも聖人と認められたローマ教皇もいるのですが、正教会はローマ教皇を権威として認めているわけではありません。ローマ帝国が東西に分裂したように、キリスト教会も西のカトリック教会と東の正教会に分裂していくことになるのです。

ローマ帝国においてキリスト教が勢力を拡大していくと教会の制度も次第に確立され、ローマ、コンスタンティノープル、アレクサンドリア、エルサレム、アンティオキアの五つの場所に「総主教座」がおかれました。なかでもペテロやパウロが殉教したローマは帝国の中心で、もっとも権威があると見なされました。ただ、東のローマ帝国としてビザンツ帝国が成立しコンスタンティノープルが帝都となると、コンスタンティノープル主教座がローマに次ぐ地位を確立するようになっていきます。

五つの総主教座のうちローマだけが西の領域にあり、後の四つは東の領域にありました。しかもアレクサンドリア、エルサレム、アンティオキアは、7世紀以降イスラム帝国の支配下におかれますから、衰えていきます。その結果、ローマとコンスタンティノープルが並び立ち、相争うことになっていきました。

## レオ1世により「三位一体説」が確立される

440年から461年まで在位したレオ1世はローマ教皇の権威を高めました。

コンスタンティノープルの東方にあるカルケドンにおいて、東ローマ帝国の皇帝がカルケドン公会議を主催します。そこでイエス・キリストの人性は神性と融合し単性であるとする「単性説」と、神と子、聖霊はそれぞれが別な位格を持つが本質において一体であるとする「三位一体説」に議論が分かれました。神とは別に、神の子としてのイエス・キリストが存在するわけで、神との関係をめぐって議論が戦わされたのです。

レオ1世は三位一体説を強く主張し単性説を異端とし、正統となる教義を確立することでローマの教会の権威を高めました。教皇の正式な職名はローマ司教ですが、この功績や外交面で外敵との調整役を果たしたことによって、レオ1世はカトリック教会で「大教皇」と呼ばれるようになります。

教会の東西への分裂を際立たせたのは、「イコノクラスム（聖画像破壊）」をめぐってでした。偶像崇拝の禁止は「モーセの十戒」に示されていて、一神教の伝統でもあります。ユダヤ教でもイスラム教でも禁止はかなり厳格に守られてきましたが、キリスト教では次第に緩和されていきました。だからこそキリスト教美術が花開くことになるのです。

ところが東ローマ帝国の皇帝であったレオーン（レオ）3世（在位717～741年）は、726年にイコン（偶像）の崇敬を禁じる勅令を出しました。この勅令には反発の声が上がったのですが、それもローマ教会がイコンをゲルマン人への布教に活用していたからです。そこで、コンスタンティノープルに送っていた税の支払いを停止しました。その結果、東西の教会の対立は激化します。

そうなると、ローマ教会としては東ローマ帝国の皇帝に代わる保護者が必要になってきました。そこでローマ教会が頼ったのがフランク王国でした。フランク人は、ゲルマン諸部族のなかで最初にキリスト教に改宗していました。フランク王国はカロリング家が実権を握り、751年にはピピンが即位してカロリング朝が成立します。ローマ教会は、このカロリング家との関係を深めていきました。

800年、教皇レオ3世はクリスマスにローマを訪れていたピピンの息子のシャルルマーニュに対してローマ皇帝の冠を授けます。これがカール大帝の誕生になりますが、戴冠は東ローマ帝国の皇帝には無断で行われました（松本宣郎編『キリスト教の歴史1　初期キリスト教〜宗教改革』山川出版社）。

これによってローマ教皇は王国の支配者の権力を正当化する力を示し、自らの権威を確立しました。教会の頂点に君臨する教皇という名に値する存在もこれを契機に生まれたと言えます。そして、ローマ教皇は東ローマ帝国の皇帝やコンスタンティノープルの教会から独立を果たした形になります。その後、１０５４年にはローマ教皇とコンスタンティノープル総主教が相互に破門しあい、カトリック教会と東方正教会との分裂が決定的な形をとることになりました。

これ以降、西ヨーロッパの世界では宗教的な権威であるローマ教皇と世俗の権力者のあいだで、さまざまな争いが起こります。聖職者を誰が叙任するかをめぐる「叙任権闘争」などが続きました。西ヨーロッパではさまざまな帝国が生み出されていきますが、ローマ教会というもう一つの権力機構とどう対峙するのかが大きな課題となるのです。

## １０００年以上存続した東ローマ帝国

これに対して、東ローマ帝国の事情はかなり異なっていました。

ローマ帝国の東西への分裂後、西ローマ帝国がすぐに滅亡したのに対して、東ローマ帝国は存続します。最終的に滅んだのは１４５３年のことですから、１０００年以上続いたことになります。

東ローマ帝国は、ビザンティン帝国、あるいはビザンツ帝国とも呼ばれます。ビザンティンとはコンスタンティノープルの古い名前で、現在ではイスタンブールと呼ばれていまず。この街はエーゲ海と黒海とを結ぶ海上交通の要衝ですから地理的にも重要です。しかも両岸にコンスタンティノープルの街が広がったボスポラス海峡はアジアとヨーロッパを結ぶ役割を果たしています。ここからは東ローマ帝国をビザンツ帝国と呼ぶことにします。

コンスタンティノープルという地名は、「ミラノ勅令」を発してキリスト教の信仰を認め、第１ニカイア公会議を主催したコンスタンティヌス１世に由来します。コンスタンティヌス１世は東の首都をコンスタンティノープルに建設し、やがてローマ帝国の中心はローマからコンスタンティノープルに移っていきます。

コンスタンティノープルの大きな特徴としては、城壁の存在があげられます。

現在のイスタンブールにも三つの城壁が残されています。紀元前の時代から城壁はあったようですが、大規模な城壁を建設したのがコンスタンティヌス１世でした。その工事は息子のコンスタンティヌス２世に受け継がれますが、城壁の完成後、コンスタンティノープルの街は城壁を越えて西側にまで広がっていきました。

ビザンツ帝国のテオドシウス2世（在位408〜450年）は、コンスタンティヌス帝の城壁の外側にさらに新たな城壁を建てました。城壁の高さは12mあり、厚さも4・5mから6mに達していました。おまけに壁は二重構造で、戦いのための仕掛けも整えられました。海にも城壁が作られ、陸の壁の増築も進められましたから、コンスタンティノープルは難攻不落の城壁都市となったのです。

外敵を防ぐために壁を築くのは中国の万里の長城にも見られましたし、冷戦時代のベルリンや現在のパレスチナでも見られます。それだけ外敵は脅威だということでしょうが、コンスタンティノープルは結局、オスマン帝国によって陥落します。

ただし、城壁が破られたわけではありません。城門の一つに鍵がかけられておらず、そこからオスマン軍が侵入し、それによってビザンツ帝国軍が混乱し、コンスタンティノープルは陥落したのです。その意味では城壁は最後まで破られなかったと言えます。

この城壁はビザンツ帝国にとって生命線でした。それさえ破られなければコンスタンティノープルは陥落することはなく、ビザンツ帝国は滅亡しなかったからです。

ビザンツ帝国は一時、西ローマ帝国の領土にまで版図を広げていきましたが、次第に規模は縮小され、最後にはコンスタンティノープルとその周辺にあるいくつかの土地だけが残されるというありさまでした。とても帝国とは言えない状況で、ローマ帝国の面影はすっかりなくなっていました。それでも城壁が無事な限りビザンツ帝国は存続したのです。それが１０００年にわたる帝国存続の最後の砦でした。

ただ、帝国は版図を広げてこそ意味があります。各地から税金を徴収し、帝国の財政を豊かにしていくのです。その点では末期のビザンツ帝国は、帝国としての体をなしていなかったとも言えます。

## 正教会はカトリック教会と異なる道を歩む

しかし、帝国が滅びても正教会はその後も各地に残りました。そして正教会はビザンツ帝国滅亡後も、旧帝国の外側にまで信仰を広めていくことになりました。

ビザンツ帝国において発展した正教会は、西のカトリック教会とは異なる形態をとるようになっていきます。

そもそも正教会とカトリック教会は一つでした。カトリック教会には「公会議」という教義を定めて正統と異端を区別する機会がありますが、第7回までは正教会もそれを認めています。ただし正教会では公会議とは言わず、「全地公会議」と呼びます。第7回の全地公会議は第２ニカイア公会議で、７８７年に開かれています。この会議では、聖像破壊運動を推し進めた人間が排斥されました。

次の公会議は、869年から70年にかけて開かれました。この公会議で問題になったのは、誰が主教を選ぶかということでした。正教会では主教は世俗の信者によって選ばれることになっていて、世俗の長である皇帝が主教の長である総主教を指名してきました。また、世俗の人間が主教に選ばれることも続きました。これはカトリックにおいて司教が必ず聖職者のなかから選ばれるのと異なります。

このことは皇帝と正教会の政治的な関係にも大きく影響しました。廣岡正久は『キリスト教の歴史3　東方正教会・東方諸教会』（山川出版社）において、ビザンツ帝国の皇帝は教会を政治目的に利用しようとしたし、教会の側も皇帝の意向に対してしばしば譲歩の姿勢を示したことを指摘しています。

しかも、ビザンツ帝国の皇帝を神に擬して地上世界の支配者とする神学まで生み出されました。皇帝は神によって選ばれた者で、帝国行政の全権限、全軍の指揮権、最高裁判権と立法権を掌握するだけではなく、「自ら教会とその正統信仰の守護者をもって任じた」（同書）というのです。

なおかつ皇帝は聖堂の専用の入口から入り、そこで行われる奉神礼（カトリックの典礼）で特別な位置を占め、聖堂内部で聖職者だけが入ることのできる至聖所で主教とともに聖体を拝領しました。

　ただこれは、よく言われる「皇帝教皇主義」ではありません。教会にかかわる最終的な議決は教会会議で行われ、皇帝には信仰の問題にかかわる決定を下すことはできなかったのです。

　西ヨーロッパではローマ以外に総主教座がなかったこともあり、ローマが「母なる教会」としてキリスト教会の中心を占めることが支持されました。それに対して正教会では総主教座がいくつもあり、その代表が集まって開かれる公会であらゆる議題が決定される体制が確立されました。したがって、ローマ教皇のような権威を絶対とする考え方は生まれず、カトリック教会とは異なる組織形態が生み出されたのです。

　正教会における皇帝のあり方を見ていくと、ウクライナへの侵攻を試みたロシアの大統領ウラジミール・プーチンのことが思い起こされます。プーチンについて、インスブルック大学の宗教社会学者クリスティナ・シュトケルは「大統領3期目に入ってからはキリスト教価値観の保護者を自負し」ていると指摘しています。まるでビザンツ帝国の皇帝のようですが、侵攻についての宣言でも、その目的が「ウクライナでのロシア系正教徒への宗教迫害を終わらせ」ることにあると述べています（長谷川良「正教会分裂がウクライナ危機を誘発？」『アゴラ』２０２２年3月13日）。

## ロシアに正教会の信仰が伝えられるまで

そもそもロシアに正教会の信仰が伝えられるのは、現在ではウクライナの首都になっているキーウ（キエフ）を中心としたキーウ大公国を通してでした。そのときの大公はウラジミール1世ですが、どういった信仰を受け入れるべきか、それを決める前に各地に使者を派遣して調査させています。使者が向かったのはトルコ系ブルガリア人のイスラム教、ドイツ人のカトリック教会、そしてコンスタンティノープルにある正教会のハギア・ソフィア大聖堂ですが、使者は正教会の典礼の荘厳さに圧倒され、それがウラジミール1世に正教会の信仰を受け入れさせることに結びつきます。988年のことでした。

その後、13世紀にキーウはモンゴル帝国の一つ、キプチャク・ハーン国による支配を受けます。支配は2世紀の間続き、「タタールの軛《くびき》」と呼ばれました。そこからの解放を実現したのが1462年にモスクワ大公となったイヴァン3世でした。

タタールの軛が続く間、ロシアの中心はキーウからモスクワへ移っています。前章でもふれたようにモンゴル帝国は特定の宗教を強制しなかったので、正教会の信仰はロシア全体に広まっていきました。

ロシアがタタールの軛から脱することに成功する前の1453年、ビザンツ帝国は滅亡しています。イヴァン3世はビザンツ帝国の最後の皇帝となったコンスタンティヌス11世の姪と結婚します。これによってビザンツ帝国の皇帝一族とモスクワ大公の一族とのあいだに姻戚関係が生まれ、ビザンツ帝国の後継者はモスクワ大公であると考えられるようになります。そしてイヴァン3世はロシア皇帝を意味する「ツァーリ」を名乗るようにもなります。ツァーリは当然、正教会の信仰の保護者になります。

## コンスタンティノープルは「第二のローマ」だった

第2章の冒頭で「ローマ理念」にふれました。ローマ帝国が拡大していくことによって、ローマという都市の名は神格化されていったのです。

コンスタンティヌス1世は330年にコンスタンティノープルをローマ帝国の新たな首都とする方向に踏み出したわけですが、実際に首都として機能するようになるのは、ローマ帝国の東西への分裂の兆しが現れた4世紀末のことです（南川高志『新・ローマ帝国衰亡史』岩波新書）。

そこからコンスタンティノープルは、「第二のローマ」と呼ばれるようになります。その時点で西ローマ帝国は滅び、ローマの権威は失われました。第二のローマはビザンツ帝国として1000年ほど繁栄を享受しますが、オスマン帝国によって最終的に滅ぼされます。それ以降、コンスタンティノープルはむしろイスラム世界の中心都市として繁栄することになります。

コンスタンティノープルが陥落することで、ローマを除く総主教座のすべてがイスラム帝国の支配下におかれました。そこでは正教会の信仰も許されていましたが、オスマン帝国が500年続いていくなかで正教会からイスラム教への改宗も進みました。

正教会全体から考えれば、総主教座のあるコンスタンティノープル、アレクサンドリア、エルサレム、アンティオキアがイスラム教の勢力下におかれることは、信仰の中心が失われたことを意味します。

そうした状況のなかで、タタールの軛から脱したモスクワを「第三のローマ」とする主張が生み出されます。その主張は1589年にモスクワ教会がコンスタンティノープルなどの総主教座教会と並ぶ地位を獲得したことで強化されました。モスクワは自分たちこそが正教会の、さらにはキリスト教会の正しい信仰を受け継いでいるという自負を強く抱くようになったのです。

ただ、モスクワを第三のローマとし、モスクワの教会を正統な継承者であるとする主張は他の国や教会が認めているわけではありません。正教会のなかでも、その認識が共有されていたわけではないのです。

カトリックの世界ではローマ教皇が頂点に立ち、バチカンが全世界の聖職者を任命する権限を確保しています。正教会にはローマ教皇にあたる存在がいないわけですから、いくらモスクワが第三のローマであると主張しても、正教会全体の頂点に立つことはできません。カトリックはピラミッド型の世界組織で統合されているのに対して、正教会はそうした組織にはなっていないのです。

## ロマノフ朝の正教会統制

1613年にロマノフ朝が成立しピョートル1世が皇帝に即位すると、正教会を統制する方向に向かっていきます。

皇帝は1721年にモスクワ総主教庁を廃止し、教会監督機関「シノド」を設けました。そのメンバーとなる聖職者は皇帝によって任命され、しかもメンバーになる際には、「私は、全ロシアの皇帝、わが恵み深い君主がシノド会議の至高の裁定者であることを承認いたします」と宣誓しなければなりませんでした。

カトリック教会には第2章でふれたように「七つの秘跡」があります。正教会では秘跡は「機密」と呼ばれますが、そのなかに「痛悔《つうかい》」が含まれます。カトリックの告解、あるいは懺悔のことです。

これは信者が自らの罪を聖職者に告白して神の赦しを仲介してもらうものですが、カトリック教会では、聖職者は告白の内容を明かしてはならないとされます（最近では、性的虐待にかかわることは例外ともされるようになりました）。ところがロシアでは聖職者の守秘義務が否定され、治安を脅かす危険性のあるものについて聖職者は官憲にその情報を提供しなければならなくなったのです。

さらにピョートル1世の後継者となった娘たちも修道院の所領を没収したり、半分以上を閉鎖してしまいました。その結果、反発はあったものの「ロシア正教会は独立と自治権を失い、世俗権力にほぼ完全に従属すること」になってしまったのです（前掲『キリスト教の歴史3』）。

ロマノフ王朝が誕生したことで「ロシア帝国」が成立したとされますが、ロシア皇帝は、その正統性を正教会の権威によって保証してもらう形をとらなかったことになります。そこがローマ教皇が皇帝を戴冠した西ヨーロッパとは大きく異なる点でした。ローマ教皇は王権を支える権威としての地位を高めていったのですが、ロシア帝国では総主教がそうした権威として振る舞うことはできなかったのです。

西ヨーロッパでは、800年ないし962年に神聖ローマ帝国が誕生します。はじまりの年が異なるのは、カール大帝の戴冠にそれを求めるのか、それともオットー1世の戴冠に求めるかで変わってくるからです。

ビザンツ帝国でもコンスタンティノープル総主教の手によって皇帝の戴冠が行われることはありましたが、皇帝は元老院、軍隊、市民の選挙によって選ばれるもので、総主教はあくまで選挙人の代表として戴冠したにすぎませんでした（堀米庸三『中世の光と影』上・下、講談社学術文庫）。

その点で教皇レオ3世がカール大帝の戴冠を行ったことは画期的でした。この戴冠の際に、教皇に皇帝の選任権があることの理論的な根拠として用いられたのが「コンスタンティヌス大帝の寄進状」という偽書でした。これはコンスタンティヌス大帝がローマ帝国においてキリスト教を公認したことを踏まえたもので、大帝はキリスト教に帰依し、帝国の西半分をローマ教会に寄進するという内容でした。

寄進状は8世紀に作られたもののようです。レオ3世は寄進状にもとづいてローマ帝国の西半分（つまり神聖ローマ帝国）の領土は教皇が領有するとしました。とはいえ教皇が皇帝になるわけにはいかないので、皇帝を選任し、ローマ教会の保護者に任じるという方向性を打ち出します。この時代はまだ文書の真偽について十分な研究が行われていませんでしたから、偽書でもそれが通用してしまったのです。

カール大帝の帝国は、その後、今日のドイツ、フランス、イタリアと重なる地域に分裂していきます。それを再び帝国にまとめあげたのがオットー1世です。オットー1世は帝国をまとめあげるため教会組織を利用します。

オットー1世は、皇帝が戴冠する際には教皇はその意思決定に従わなければならないと誓わせます。その代わりに教皇領を安堵し、教皇選挙への助力を約束します。助力するということは教皇の選出に皇帝の承認が必要だということを意味します。こうした皇帝と教皇の力関係を明確にした文書は「オットーの特許状」と呼ばれます（菊池良生『神聖ローマ帝国』講談社現代新書）。

## 教皇と皇帝の争い

このように権力と権威をめぐって教皇と皇帝は争ってきたのですが、そうした問題は神聖ローマ帝国が成立する以前からありました。

ローマ帝国でキリスト教が国教の地位を確立し社会的にも力を持つようになると、聖職が金銭によって売買されるようになりました。聖職につくことで経済的な利益が得られるからです。これをグレゴリウス1世（在位590〜604年）は異端としました。

しかし、誰が聖職者を叙任するかは大きな問題です。教会の側は自分たちに叙任権があると主張しましたが、教会に金銭を寄進した世俗の権力者は、自分こそが教会のスポンサーであり、聖職者の叙任を行うのは当然の権利だと主張しました。これをめぐる教会と世俗との争いは「叙任権闘争」と呼ばれます。

叙任権闘争の激しさを象徴する出来事が、「カノッサの屈辱」です。これは教皇のグレゴリウス7世（同1073～85年）が、神聖ローマ帝国の皇帝ハインリヒ4世（同1084～1106年）の聖職叙任権を否定し、皇帝を破門にしたことで起こりました。皇帝は教皇が滞在していた北イタリアのカノッサの城外で、雪のなかを3日間にわたって立ち尽くし謝罪しました。これで教皇から許されるのですが、その後、屈辱的な体験をした皇帝は教皇をとらえてローマから追放してしまいます。

聖職者叙任権闘争については、オーギュスタン・フリシュの『叙任権闘争』（ちくま学芸文庫）という先駆的な研究がありますが、そのなかでは正当化の作業について実に詳細に述べられています。それは教会や教皇の権威を確立する上で極めて重要な議論だったからです。

## 十字軍の招集と派遣

このような教会と世俗権力の対立が続いていた状況を踏まえると、中世にキリスト教徒が聖都エルサレムをイスラム教徒の手から奪い返すために起こした十字軍についても、その意味を改めて問わなければならなくなってきます。十字軍を招集したのはグレゴリウス7世の2代後の教皇ウルバヌス2世でした。

十字軍が奪回をめざしたエルサレムは当時、イスラム帝国であるセルジューク朝の支配下にありました。当時、ビザンツ帝国はセルジューク朝の圧迫に苦しんでいました。そこで、ビザンツ帝国のアレクシオス1世コムネノスはウルバヌス2世に援軍の派遣を依頼します。それにしたがって十字軍が招集され、エルサレム奪回に向かったのです。

教皇の呼びかけでヨーロッパ各国から諸侯や騎士が十字軍に参加しましたから、教皇は、その権威によって戦争に動員する力を発揮したことになります。教皇は皇帝や国王になりかわって軍隊を動かすことができたのです。

第1回十字軍はエルサレムの奪回に成功し、エルサレム王国をはじめとする十字軍国家が樹立されます。ところが次第にイスラム教の勢力が盛り返し、十字軍国家の一つ、エデッサ伯国が奪還されるという出来事が起こります。

そこで第2回十字軍が招集されますが、それを指揮したのがフランス王国のルイ7世と神聖ローマ帝国の皇帝コンラート3世でした。その後も十字軍の遠征がくり返されますが、次第に教皇が招集するのではなく、フランス国王や神聖ローマ帝国皇帝が自発的に遠征を行うようになっていきます。

1202年から04年にかけての第4回十字軍はエルサレムではなく、なんとビザンツ帝国の首都であるコンスタンティノープルを攻めることになりました。第1回十字軍は、ビザンツ帝国の要請で派遣されたもので、エルサレムの奪還が目的だったはずです。そこには、十字軍の輸送を請け負ったヴェネチアの商人たちの意向が反映されており、要は、コンスタンティノープルを支配下におくことで、東方貿易を独占しようとしたのです。しかも十字軍の兵士たちは虐殺や掠奪を行い、ビザンツ帝国の力を衰えさせる原因を作り出しました。カトリック教会は十字軍という名目を使って正教会との勢力争いに打って出たとも言えます。

## 法的な基盤に裏付けられた教会

教会や教皇が権威を持つにあたっては、その経済力がものを言いました。古代ローマ帝国においても教会は広大な土地を有していたとされますが、キリスト教の公認によって教会領は法的な基盤を確保することになります。しかも教会領は「インムニテート」と呼ばれる不輸不入《ふゆふにゅう》の権利を獲得したのです。

不輸不入の権利は日本の荘園、寺社領にも共通しますが、教会領では世俗の裁判権は及ばず官吏が立ち入ることも税金を課すこともできなくなります。逆に独自の裁判権をはじめ、貨幣の鋳造《ちゅうぞう》権や市場の開設権、関税の徴収権といった特権まで確保しました。教会権だけではなく教皇には教皇領が寄進され、修道会にも土地が寄進されました。キリスト教の修道会のモットーは、「祈れ、働け」ですから、寄進された土地では経済活動が実践され、金銭が蓄積されました。修道士は清貧の教えに従って生活していますので、浪費はしません。また独身制が保たれていますから、世俗の人間には生じる相続の問題も生じず財産は永続性を持ちます。今日の株式会社などの法人の先駆であったとも言えます。

ただ金銭が蓄積されるようになると、修道会の堕落も起こりました。それでも修道会の経済力は教会を支えることに寄与しました。

帝国という世俗の権力機構とは別に、教会という宗教的な権力機構が併存する。それが西ヨーロッパに特徴的なあり方でした。それは中世の日本でも共通しますが、西ヨーロッパでは教会組織は一つに統合され、強固なピラミッド型の構造を持っていました。これは日本ではなかったことです。そしてこうした宗教的な権力機構をどう解体していくのかが近世から近代にかけての大問題になり、それはやがて宗教改革に結びついていくのです。

さて、次章ではビザンツ帝国の滅亡から、コンスタンティノープルを首都に20世紀まで栄えたオスマン帝国と、インド亜大陸を支配し19世紀後半まで存続したムガル帝国の盛衰を辿ることにしましょう。

# 第6章　オスマン帝国とムガル帝国

## オスマン帝国の繁栄と広大な版図

オスマン帝国の歴史は長期に及ぶものですが、それがどれだけの期間続いたのかについては専門家のあいだでも見解が分かれています。

たとえば林佳世子『オスマン帝国500年の平和』（講談社学術文庫）では、タイトルにあるようにオスマン帝国の歴史は500年とされ、14世紀初頭から1922年まで続いたとされています。

一方、小笠原弘幸『オスマン帝国――繁栄と衰亡の600年史』（中公新書）では、終焉は1922年と同じですが、そのはじまりは1299年頃に求められています。

オスマン帝国がもっとも版図を広げたのは大宰相となったキョプリュリュ家の執政期のことで、クレタ島やウクライナを手中におさめウィーンを包囲するに至る1683年のことでした。ウィーン包囲は2度目のことになります。この時点でオスマン帝国の版図は東はアゼルバイジャン、西はモロッコにまで及び、南はイエメン、そして北はウクライナからハンガリーに達していました。

オスマン帝国のはじまりをオスマン家がアナトリア北西部で政権を樹立した13世紀終盤に求めるなら、その歴史は600年に及んだことになりますが、オスマン帝国を名乗った

14世紀はじめなら500年になります。どちらにしてもオスマン帝国の歴史が相当に長いものだったことは間違いありません。しかもオスマン帝国は2度もウィーンを包囲したところにも見られるように、ヨーロッパ諸国に絶大な脅威を与えたのです。

ヨーロッパではオスマン帝国は「トルコの脅威」として認識されていました。オスマン軍の来襲を告げる教会の鐘は「トルコの鐘」と呼ばれ、「トルコ人」ということばは力が強く乱暴で冷酷な奴を意味していました。縁日には「トルコ人の頭」と呼ばれるトルコ人の格好をした「殴られ人形」があって、パンチ力を測れるようになっていました。要するにヨーロッパ人はそれでトルコ人への不満や恐怖を発散するしかなかったのです（新井政美『オスマンvs.ヨーロッパ——〈トルコの脅威〉とは何だったのか』講談社学術文庫）。

オスマン帝国は、以前はオスマントルコ帝国と呼ばれていました。今でもそうした呼び方をする人はいます。たしかに帝国を開いたオスマン家はテュルク語族の言語を使うテュルク系で、トルコ人ととらえられます。ただし、オスマン帝国にはテュルク系以外の多様な民族が包摂されていました。したがって今日ではオスマントルコ帝国という言い方はされません。

宗教的にはオスマン家はイスラム教のスンニ派でしたが、帝国内には同じイスラム教のシーア派やキリスト教徒、ユダヤ教徒も生活していました。多民族、多宗教の帝国であったわけです。オスマン帝国下のブルガリアで、エルサレム巡礼を果たしたキリスト教徒が、メッカ巡礼を果たしたイスラム教徒と同様に「ハッジ」と呼ばれ尊敬されていたところに、二つの宗教の共存する姿が示されています（前掲『オスマンvs.ヨーロッパ』）。

第4章で見たようにオスマン帝国が広がる以前、13世紀のはじめにはモンゴル帝国が勢力を拡大していました。モンゴル帝国は始祖であるチンギス・ハーンの死後、キプチャク、チャガタイ、オゴタイ、イルの4ハーン国に分裂しました。そのうちチャガタイ・ハーン国の内紛に乗じて、ティムールという人物が新たに帝国を創始します。これがオスマン帝国と同じ、イスラム教スンニ派のティムール帝国でした。その建国は１３７０年とされます。

ティムールはチンギス・ハーンの子孫であると称し、モンゴル帝国の再興をめざします。イランや中央アジア、パキスタンやインドの北部を版図におさめるようになり、イスラム帝国の一つである元が滅ぼされると明を倒すためにパミール高原を越えて進軍していきます。しかしティムールは野望半ばで亡くなり計画は頓挫します。

そのティムールの5代目の孫にあたるのがインドでムガル帝国を創始したバーブルです。バーブルの母方はチンギス・ハーンの次男であるチャガタイ・ハーンの子孫でしたから、モンゴル系でもありました。

ムガル帝国はアフガニスタンからインドに侵入し、17世紀後半にはインドの南端を除くほとんどの地域を支配下におきました。

オスマン帝国もティムール帝国も、そしてムガル帝国もスンニ派のイスラム帝国でした。ティムール帝国はすぐに衰退し、神秘主義の教団であるサファヴィー教団によってサファヴィー朝が成立します。

サファヴィー朝はスンニ派に代わってシーア派の十二イマーム派を国教としました。シーア派がイランに定着するのはそれからのことで、住民の多くがスンニ派から十二イマーム派に改宗しました。これでオスマン帝国とムガル帝国というイスラム教スンニ派の帝国のあいだにシーア派の王朝が存在する形になり、サファヴィー朝はオスマン帝国との抗争をくり返していくことになります。

## イスラム帝国の「三カリフ時代」

イスラム教の世界で重要なのはイスラム法であるシャリーアです。イスラム法は、その地域に住んでいる人々全体が守っていかなければ機能しませんから、イスラム教ではいかに共同体としてのウンマを拡大していくかが課題となります。

それがイスラム帝国を拡大する原動力にもなったのですが、帝国の版図が広がっていくと一人のカリフのもとに全体を統合することがどんどん難しくなります。そのため各地域に地方政権が成立するようになり、イスラム帝国はいくつもの政権に分割されていきます。

10世紀から12世紀にかけては、すでに三人のカリフが併存する状況が生まれていました。バグダードを中心としたアッバース朝、イベリア半島の後ウマイヤ朝、エジプトのファーティマ朝にそれぞれカリフと称する人物が存在するという「三カリフ時代」が訪れたのです。これはカリフの権威を失墜させることに結びつきました。

キリスト教カトリックの世界でも、複数のローマ教皇が並び立つことがありました。「対立教皇」という存在です。その歴史は3世紀にまで遡りますが、イスラム教の世界にカリフが併存していた11世紀から12世紀にかけて、そして14世紀から15世紀にかけても対立教皇が生まれました。

ただ、カリフとローマ教皇とでは、その性格に大きな違いがあります。カトリック教会では教皇を頂点に戴くピラミッド型の強固な組織が作り上げられていたわけですが、イスラム教にはそうした組織は存在しません。対立教皇が生まれた時期にはカトリック教会は分裂の危機に直面していたと言えますが、そもそも組織が存在しないイスラム教では分裂自体が起こり得ません。

## イスラム教の侯国を統合したオスマン帝国

オスマン帝国が出現したことによって多くの領域がその支配下におかれ、イスラム教の世界がそれぞれの地方政権に分割されていた状態に終止符が打たれました。

ではなぜオスマン帝国はそれだけの力を持つに至ったのでしょうか。オスマン帝国も当初の段階では、オスマン侯国という地方政権の一つに過ぎませんでした。その周囲には別の地方政権がいくつも存在していました。

林佳世子はオスマン帝国が成立していく過程について、「オスマンの出自のみならず、彼らが無数の無頼集団の一つからどのようにして勢力を拡大したのかについても、わかっていることは少ない」と指摘しています。「オスマン帝国の側で、一〇〇年後、二〇〇年後に書かれた記述は伝説そのものであり、歴史的事実をほとんど含んでいないから」だというのです（前掲『オスマン帝国500年の平和』）。

ここで注目されるのは、オスマン侯国がどこに位置していたかではないでしょうか。オスマン侯国があったのはアナトリアの北西部です。その対岸にはビザンツ帝国の首都コンスタンティノープルがありました。ビザンツ帝国はローマ帝国の後継で、コンスタンティノープルは前章で見たように「第二のローマ」と呼ばれていました。

ビザンツ帝国の版図は一時356万㎢に及びましたが、次第に縮小し、最後の段階では、ほぼコンスタンティノープルに限定されました。しかし強固な城壁都市であり、城壁が破られない限り、外敵がそこを占拠することはできませんでした。

オスマン侯国は第3代皇帝で1362年頃から89年まで在位したムラト1世の時代にアナトリアではアンカラの南に勢力を広げていく一方で、バルカン半島にも進出します。バルカン半島はかつてビザンツ帝国の領土でしたが、ブルガリアやセルビアが独立し、ビザンツ帝国が支配していたのは南東部のトラキアやマケドニアだけになっていました。

オスマン侯国はビザンツ帝国の支配力が及ばなくなったバルカン半島に勢力を広げ、ムラト1世の後を継いだバヤズィト1世（在位1389〜1402年）の時代になるとブルガリア、セルビア、アルバニアの軍勢を引き連れて、アナトリアの南西部を征服します。さらにバヤズィト1世はアナトリアの東部を征服するとともに、バルカン半島ではブルガリアやセルビアを属国にしていきます。

勢力拡大に成功したオスマン侯国は1394年にコンスタンティノープルを包囲します。これに対してキリスト教世界は危機感を募らせ、ビザンツ帝国に援軍を送りました。林はこれを「十字軍」と呼んでいます。ただ、一般的な十字軍の時代は14世紀のはじめで終わっています。

オスマン侯国はこの十字軍に対する戦いには勝利したものの、中央アジアから遠征してきたティムールの軍勢に敗れ、分裂してしまいます。

それを収拾したのがムラト2世（在位1421～44年、46～51年）で、その後継となったメフメト2世（在位1444～46年、51～81年）がコンスタンティノープルを陥落させることに成功します。ここで重要なのは、「ティマール制」の導入と「イェニチェリ軍」の創設です。前者は騎士たちに徴税権を与えることで軍事的な業務を課すもので、後者はバルカン半島のキリスト教徒の子弟を強制的に徴兵することで成立し、鉄砲部隊が形成されたという面で近代的な軍隊の先駆となるものでした。

コンスタンティノープルが陥落したことでビザンツ帝国は滅び、文字通りオスマン帝国が誕生したことになります。コンスタンティノープルの近くにオスマン侯国が最初に政権の基盤をおいたことが、ここで生きました。

コンスタンティノープルは、前の章で見たように、キリスト教世界において極めて重要な都市だったわけですが、オスマン帝国によって占拠されることでイスラム教の世界に組み込まれてしまいます。それ以降、今日まで事態は変わっていません。

ローマ帝国の首都であったコンスタンティノープルに入場したメフメト2世はオスマン帝国の君主であるだけではなく、「復興されるべきローマの皇帝とも意識することになった」（前掲『オスマンvs.ヨーロッパ』）とされます。メフメト2世はアラビア語やペルシア語だけではなく、ギリシャ語、ラテン語、ヘブライ語を修得し、ギリシャの文献を幅広く読んでいました。その点でギリシャの崇拝者であり、また自らをアレクサンドロス大王の衣鉢《いはつ》を継ぐ者と意識していました。

ビザンツ帝国末期の時代には、コンスタンティノープルは荒廃して、住人は5万人程度に減少していました。メフメト2世は周辺の都市から富裕な商人や職人を強制的に移住させ、コンスタンティノープルをオスマン帝国の中心にしようと試みました。トプカプ宮殿の建設もメフメト2世によるものでした。

## 教会からモスクへ、そしてモスクから博物館へ

こうした変化を象徴するのが大聖堂アヤソフィアです。これはもともとビザンツ帝国の時代に建てられた東方正教会の聖堂で、「ハギア・ソフィア大聖堂」と呼ばれていました。ハギア・ソフィアとは「聖なる叡智」を意味します。オスマン帝国はこれをモスクに改めます。モスクであることを示すために聖堂の周囲には4本の尖塔（ミナレット）が建てられました。

教会もモスクも、礼拝のための施設であることに変わりはありません。したがって教会がモスクに生まれ変わることも珍しくありません。現代の西ヨーロッパではキリスト教の

信者が減り、立ち行かなくなった教会がモスクに転売される例も増えています。

アヤソフィアの場合、近代になって世俗国家としてトルコ共和国が成立すると博物館に転用されました。しかし近年のトルコではイスラム回帰の動きが強まり、アヤソフィアは再びモスクとして使われるようになっています。このことは欧米諸国から警戒の目で見られています。

アヤソフィアの内壁には正教会の教会であったときの名残として、聖人や皇帝の姿がモザイク画で描かれています。オスマン帝国によってそこがモスクとなると偶像崇拝の禁止にふれるということで、顔の部分が覆われました。そして18世紀になると全体が漆喰《しっくい》で覆われるようになりました。博物館となった時代には漆喰が剝がされましたが、現在では礼拝中は布で覆われています。

イスラム教の信仰にもとづく統治の仕組みが整えられたのはスレイマン1世（1520～66年）からセリム2世（1566～74年）にかけての時代でした。それに尽力したのが、オスマン帝国において最高位のムフティーとなったエビュッスウード・エフェンディでした。ムフティーとは法学上の意見書であるファトワーを出す権限を持つ法学者、ウラマーのことです（エビュッスウードは最近のテレビドラマ『オスマン帝国外伝』にも登場します）。

イスラム教徒が守るべきイスラム法は、聖典である『コーラン』と預言者ムハンマドの言行録である「ハディース」にもとづいています。しかし、イスラム法は明確に体系化されているわけではなく、時代や地域が変われば、どのように適用すべきかでさまざまな問題が起こってきます。その際に、状況に応じて法を遵守するやり方を示すのがファトワーです。

イスラム教は俗人によって構成されていますから、誰を権威とするのか、はっきりとした仕組みは整っていません。ウラマーはイスラム法学を学んでいるわけですが、四つの学派があり、学派によってもウラマーによっても解釈は異なります。ローマ教会のように公会議（カトリック）、あるいは全地公会議（正教会）を開き、そこで正統と異端とを定めたりはしないのです。

そうなると一つの問題について異なるファトワーが出され、混乱する可能性があります。これはイスラム法のあり方から必然的に生まれることですが、オスマン帝国では、その問題に対処するために「イルミエ」と呼ばれるウラマーの位階システムが作られました。

頂点には「シェイヒュルイスラーム」と呼ばれる長老がいて、以下、バルカンとアナトリアをそれぞれ管轄する軍法官、主要都市の法官、高位のイスラム学院の教授と続き、末端には地方都市の法官や一般の学院の教授が位置づけられました。ウラマーは試験を通して、あるいは有力者のコネによって、この位階システムの上位をめざしていくことになりました。

## 地域の慣習法をイスラム法のもとに統合

エビュッスウードはイスラム法の運用の仕方も改善しました。イスラム法以外にスルタンが出した法令や、帝国の支配下に入った地域の慣習法（カーヌーン）があり、そのあいだに矛盾が生じることが少なくなかったからです。エビュッスウードは、カーヌーンをイスラム法のもとに統合していきました。

その際に現金ワクフの合法化ということが試みられました。

ワクフというのは寄進制度のことです。イスラム教では信者がなすべき基本的な行為として礼拝などの「五行」を定めていますが、そのなかには喜捨も含まれます。ワクフはその一種で、寄進された金はモスクや学校などの建設や維持管理、奨学金、弱者の救済などに用いられました。

ワクフの対象となるのは通常、土地や建物などの不動産ですが、それを賃貸に出すことによって得た利益が事業に用いられました。現金ワクフとなると金融事業と同じですから、イスラム法で禁じられた利子の徴収に抵触します。ところがオスマン帝国では現金ワクフの制度が慣習として根づいていたので、エビュッスウードは現金ワクフを合法としました

（前掲『オスマン帝国』）。

これはキリスト教世界で起こったことと共通しています。利子の禁止はユダヤ教の聖典である「トーラー」（キリスト教の『旧約聖書』の冒頭にある五つの文書にあたります）に規定され、一神教全体に共通するものです。信仰が異なる者からは利子をとってもいいが、信仰を同じくする仲間からはとってはならないというのです。

しかし経済が発展し、特に海外との貿易で資金が必要になれば、利子を支払って資金を調達する必要が出てきます。貿易には船の建造などで莫大な資金が必要です。そこでキリスト教の世界でも利子の合法化へ向けての動きが生まれるのですが、その際に重要な役割を果たしたのが13世紀のピエール・ド・ジャン・オリヴィというスコラ学者でした。

オリヴィは、キリスト教の教えと現実とのあいだの乖離をどのように埋めていくのかに腐心しました。その際にアリストテレスに遡る「共通善」の考え方を持ち出しましたが、その背景にはオリヴィが南フランスで交易商人と交わりを持ったことが影響しています。こうしたスコラ学の議論のなかからヨーロッパでは経済学が生まれたとも言えるのです。

ところがイスラム教の世界ではヨーロッパの影響を受けるまで、独自の経済学が発展することはありませんでした。そこに近代以降のヨーロッパのキリスト教社会とイスラム教社会の違いが示されています。イスラム教の世界では、いかに利子という形をとらないで利益を得るのか、その点についての方策は立てられました。けれども理論化という作業には大きな力が注がれなかったのです。

逆に言えば、そこにはイスラム教の世界がいかに現実的かを示しています。その点は、オスマン帝国における税制にも見ることができます。

## オスマン帝国の現実的な税制

イスラム教は多神教の信仰は否定しますが、ユダヤ教徒やキリスト教徒は同じ神を信じる啓典の民として、人頭税を支払えば信仰を続けることを許したのです。これは、さまざまな宗教が混在する帝国における共存の制度として極めて重要です。

オスマン帝国において、そうした税は「イスペンチ」と呼ばれました。これはイスラム教徒ではない人間が支払う税で、彼らにはさらに人頭税も課されました。その総額はイスラム教徒が支払う土地税を若干上回るように設定されましたから、その点でイスペンチはイスラム教徒でない人間たちが支払う低額の土地税と解釈できます。

また、イスラム教徒とそれ以外の人間が差別された点としては、イスラム教徒でないと免税特権を持つ支配層になれないことがあげられます。免税特権の獲得は誰もが望むところですから、これがバルカン半島においてはイスラム教を拡大することに貢献しました。

しかもイスラム教に改宗すると褒賞金も与えられたのです。

キリスト教は宣教の宗教で、当初の段階から宣教師が各地で布教活動を展開していきました。ローマ帝国にキリスト教を広げたパウロがその先駆です。宣教師は聖職者で一般の信徒によってその生活が支えられているので、宣教に専念することができます。16世紀に日本にキリスト教が伝えられたときには、イエズス会などの修道士が宣教師の役割を担いました。

ところがイスラム教の場合には、世俗から離れた聖職者がいません。キリスト教における宣教師のように帝国の内外に散って布教に専念できる人間はいないわけです。それでもイスラム教徒が自分たちの流儀に従って生活するためには、イスラム法が適用される地域を拡大していく必要があります。第4章でふれたように、周囲を「戦争の家」ではなく、「イスラムの家」に変えていかなければならないのです。その際、税制の面でイスラム教徒でない人間を不平等に扱うことが意味を持ちました。啓典の民はキリスト教徒とユダヤ教徒になるわけですが、オスマン帝国は教会やシナゴーグの指導者に人頭税を徴収する任務を負わせ、それと引き換えに内部の自治を保証しました。

もちろん、オスマン帝国において優位な立場にあったのはイスラム教徒です。彼らはモスクを中心としたそれぞれの街区に生活していました。モスクのイマームは都市行政の末端に位置づけられ、日常の礼拝や冠婚葬祭の儀礼を執り行い、一般の信者は寄進によってモスクの運営を支えました。街全体のインフラは富裕層による大規模な寄進によって整備されていったのです（前掲『オスマン帝国500年の平和』）。

こうした体制が確立されることによって、オスマン帝国は500年、ないしは600年の歴史を重ねることができました。それでもオスマン帝国が滅び、トルコ共和国が誕生するのは、西欧列強の圧力が高まり、帝国による近代化が限界に達したからです。オスマン帝国の時代は日本の江戸時代を含み込みますが、日本の幕末と同じ事態に直面したのです。

## 中央アジアにおいてティムール帝国が興隆

では、オスマン帝国と同じイスラム教スンニ派のティムール帝国はどうだったのでしょうか。

ティムール帝国を創始したのはティムールという人物ですが、特徴的なのはモンゴル族の出身だったことです。彼の祖先はチンギス・ハーンの次男だったチャガタイ・ハーンとともに中央アジアに移住してきました（間野英二『中央アジアの歴史』講談社現代新書）。

ただ、加藤九祚《きゅうぞう》『中央アジア歴史群像』（岩波新書）などによると、名目上はモンゴル人でも実際にはトルコ人であったようです。モンゴル系の帝国では支配者がチンギス・ハーンの血を引いているかどうかが重要です。そこでティムールはチンギス・ハーンに系譜が連なる王子を擁立し、自らもチンギス・ハーンの血を受け継ぐ女性と結婚しました。これは平安時代以降の摂関家として君臨した日本の藤原氏と似た形です。

ティムール帝国はペルシアを中心に中央アジアを支配下におきましたから、支配層はトルコ・モンゴル系の遊牧民です。しかし、経済を支えたのはペルシア系の定住民でした。そしてイスラム教の法学者、ウラマーが官僚として採用され、徴税、財務、司法を司りました。

1979年にイランでイスラム革命が起こった際に、その指導者となったアヤトラ・ホメイニは、「ウラマー（法学者）による統治」という理念を打ち出しましたが、それはここに遡るのかもしれません。

こうした民族構成の帝国ですから、ティムール帝国ではイスラム法とモンゴルの部族法が併存する形になりました。そうした部族法は「ヤサ」と呼ばれましたが、そこにはモンゴル族の慣習法とともに、チンギス・ハーンが定めた軍令も含まれました。当然、二つは異なる法であるわけですから対立もありました。

それでもティムールはウラマーを保護するとともに、イスラム教の学院であるマドラサの建設を行いました。また、ティムール帝国において特徴的なのは神秘主義教団が浸透したことがあげられます。

どの宗教においても神秘主義が生まれていきます。キリスト教にも神秘主義の伝統がありますし、仏教でも密教は仏教神秘主義と言えるものです。ヒンドゥー教では多様な神秘主義が生まれましたし、中国の道教もそうした性格を持っています。

イスラム教でも次第に神秘主義の傾向が強くなっていきますが、神の絶対性が強調されるため、神との合一をめざすような試みは危険視されました。

神秘主義者が神と合一したとしたら、神に代わってメッセージを発する可能性が出てきます。イスラム教ではムハンマドが最後の預言者と位置づけられていますから、それ以降に神のメッセージを伝える存在が生まれるのは困った事態になります。そのためイスラム教の初期には神秘主義は弾圧の対象になりました。

ところが、次第にそうした勢力は無視できないものになっていきました。神秘主義者は禁欲主義者でもあり、初期にはキリスト教の正教会やネストリウス派の隠遁修道士の影響を受けて、人里離れた荒野や山中の洞窟で隠遁生活を送っていました。しかし、神秘主義が広がりを見せていくと指導者を中心に集団で修行するようになり、都市のなかに修行場が設けられるようになります。これが神秘主義教団の成立に結びつきました（嶋田襄平『イスラム教史〈世界宗教史叢書5〉』山川出版社）。

## イスラム教のなかの神秘主義教団

イスラム教は世俗と離れた聖職者がいないせいもあり、教団組織は存在しませんでした。モスクにしても、そこは礼拝施設で、礼拝に来る人たちが所属しているというわけではありません。他に教団が形成されたわけでもありません。その点で、神秘主義教団はイスラム教のなかの例外的な組織ということになります。

神秘主義者は神秘体験をした人間のことをさします。彼らはそれによって奇跡を起こしたりします。あるいは奇跡を引き起こす力があると主張します。

そこから神秘主義が「聖者崇拝」に発展していきます。神秘体験を経て神秘主義者になった人間は「スーフィー」と呼ばれますが、奇跡を起こすスーフィーは一般の民衆に歓迎される存在で、聖者として信仰を集めることになります。

神秘主義集団のなかに、中央アジアのブハラ（現在のウズベキスタン）に生まれたナクシュバンディー教団があります。この教団などがティムール帝国に浸透していきました。王族はナクシュバンディー教団に帰依し土地を寄進しましたから、教団は帝国のなかで勢力を拡大していったのです。

ところがティムールが亡くなると帝国内で後継者争いが起こり、ティムール帝国は１５

0年も経たずに消滅してしまいます。帝国を支える行政の仕組みを十分に確立できなかったからだとも言われます。そして、ティムールとチンギス・ハーンの後裔であるバーブルが中央アジアからインドへ移り、ムガル帝国を樹立します。

世界四大文明と言えばメソポタミア文明、エジプト文明、中国文明、そしてインダス文明をさします。インドにおいては古代から文明が栄えていました。その後、コーカサスに出自を持つアーリア人がインドに侵入し、インド社会を大きく変えていくことになります。

そのなかからバラモン教や仏教、ジャイナ教が誕生し、最終的にはヒンドゥー教がインド全体で信仰されるようになります。ただ、こうしたインドの宗教の名称はどれも外側の世界からつけられたもので、インドの人々が自ら名乗ったわけではありません。仏教という呼び方がヨーロッパで誕生したことについては、私が共訳した『虚無の信仰――西欧はなぜ仏教を怖れたか』（ロジェ＝ポル・ドロワ著、トランスビュー）で詳しく論じられています。

## インド最初の統一王朝・マウリヤ朝

インドに最初の統一王朝が成立するのは、アレクサンドロス大王がインドに侵攻してきたことで生じた混乱を収拾するためマウリヤ朝が西北インドを征服したときでした。アショーカ王は3代目の王にあたりますが、仏教を信仰し、各地に仏舎利をおさめた仏塔を建てることで、仏教を広めていくことに貢献しました。

その後、クシャーナ朝やグプタ朝などがインドを支配しますが、7世紀以降になると「ラージプート」と呼ばれる地方政権が割拠するようになります。8世紀になるとイスラム教の勢力がインドに侵攻するようになり、ラージプートはそれに抵抗し、戦いを挑みます。しかし次第に劣勢になり、1206年には最初のイスラム政権である奴隷王朝が成立します。奴隷王朝という奇妙な呼び名は、王朝の創始者、クトゥブ・ウッディーン・アイバクが奴隷兵士の出身だったからです。

その後、北インドではハルジー朝をはじめイスラム政権が続きますが、14世紀末からティムールがインド侵攻を企て、ティムールの5代の孫であるバーブルがムガル帝国を打ち立てます。ムガルとはモンゴルを意味するペルシア語のムグールに由来します。

当初のムガル帝国はデリー周辺を支配しているにすぎず、安定もしていませんでした。征服王朝ですからインドの気候に慣れないなどといった問題もありました。安定した支配が実現するのは第3代の皇帝となったアクバルの時代においてです。

## インドにおいてイスラム教が浸透する

『ムガル帝国から英領インドへ（世界の歴史14）』（佐藤正哲ほか、中公文庫）によれば、インドにイスラム教が伝えられ、浸透する契機は三つあったといいます。一つは、今見てきたようにイスラム教徒の軍団がくり返し侵攻してきたことです。もう一つはイスラム教徒の商人や船乗りがインドの港町に居留地を築いたことで、最後はイスラム教神秘主義者のスーフィーの活動があげられます。ティムール帝国においてスーフィーの教団が浸透したことについては、すでにふれました。

第4章でふれたように、イスラム教に改宗すると別の宗教に乗り換えるということはほとんどありません。それでもイスラム教がインドの支配的な宗教になることはありませんでした。ムガル帝国の時代ともなれば、イスラム教徒は少数派でした。したがってムガル帝国のイスラム政権は、少数派として多数派である多神教徒を支配しなければなりませんでした。その点で同じイスラム政権でもオスマン帝国とは事情が根本的に違います。

当初の段階において、ムガル帝国では、イスラム教徒は支配層に限られました。イスラム教ではイスラム法が重要ですが、多神教徒にイスラム法を守らせることはできません。つまりイスラム教を統治の手段として用いるのが難しいのです。しかも、インドにはカースト制があり、ムガル帝国もそれを変革することができず、むしろそれを利用せざるを得ませんでした。イスラム教は帝国の宗教となることができず、人頭税さえヒンドゥー教徒にかけることができませんでした。

前述のアクバル帝（在位1556〜1605年）はラージプート出身の女性と結婚し、ヒンドゥー教徒に対して融和政策をとります。そして王城のなかに「信仰の家」を設け、自由な宗教論議を行わせました。そこにはスンニ派やシーア派のイスラム教徒だけではなく、バラモンやジャイナ教徒、仏教徒、さらにはゾロアスター教徒、キリスト教徒、ユダヤ教徒、無神論者も集まったとされます。これは宮廷のなかに諸宗教を折衷した「神の宗教」を生むまでに至りました。

こうしたアクバル帝の試みは、さまざまな信仰が混在するインドならではと言えますが、その方向性を覆したのが第6代のアウラングゼーブ帝（在位1658〜1707年）でした。アウラングゼーブ帝はイスラム教で言われる「戦争の家」を「イスラムの家」に変える決意で即位し、イスラム法を統治のために厳格に適用しようとしました。大都市では『コーラン』で禁止されている行為をとりしまる風紀監察官がおかれ、ゾロアスター教に由来する宮廷儀礼が廃止されました。

さらにはヒンドゥー教徒の統制も行われ、ヒンドゥー教寺院の建設や再建、修復が禁止され、祭礼も禁止されました。それはヒンドゥー教寺院の破壊にも結びつき、公の場でヒンドゥー教の教育や宗教的な行為をすることが禁止されました。人頭税も復活します。

これは統治のための戦略と言えますが、皇帝自身の信仰にもとづくものでした。前掲

『ムガル帝国から英領インドへ』では、「こうしたアウラングゼーブ帝の政策は、コーランの教えに忠実に生きようとする生活と表裏の関係にあった」と指摘されています。

アウラングゼーブ帝は朝5時に起きると宮廷のなかにあるモスクで祈り、コーランを読み、午後はウラマーや長老、あるいは少数の側近とともに祈りの会を持ちました。祈りは日没のときにも、宮廷が閉じた後にも行われ、眠るまでの数時間は宗教的瞑想にひたりました。そのあいだに皇帝としての仕事をするわけですから、90歳で亡くなるまで、皇帝の睡眠時間は4、5時間でした。戦場に出たときにも祈りを欠かさず、酒も口にしないばかりか、贅沢を退け、質素な生活を実践したのです。

## イスラム教の支配政策

しかし、そうした政策は抑圧的なものであり、インドにおいて多数を占めるヒンドゥー教徒を差別し、苦しめることに結びつきました。それによってヒンドゥー教徒とイスラム教徒の共生に亀裂が入り、政権に対する信頼と好意は失われました。

少数派のイスラム教徒が圧倒的多数のヒンドゥー教徒を支配するという体制は、結局のところうまくいきませんでした。そうした体制を持続させるには、イスラム教色を弱めるしかなかったとも言えます。しかしそれは、共同体であるウンマを拡大していくというイスラム教の根本的な精神から外れることを意味します。

ただ、イスラム教の征服王朝が13世紀はじめから19世紀半ばまでインドを支配したことによって、国内にはイスラム教が定着し信者を増やしていきました。それはヒンドゥー教徒と対立する機会を増加させることに結びつきます。その後、新たな支配者となったイギリスは、巧妙にそれを利用しました。

イギリス連邦支配下のインドにはヒンドゥー教徒が主体となった国民会議派という政党がありましたが、イギリスはそれに対抗させるために、イスラム教徒に働きかけ、全インド・ムスリム連盟という政党を結成させ支援しました。

第二次世界大戦後にはパキスタンが、さらにはバングラデシュがインドから独立しました。しかしインド国内には相当な数のイスラム教徒が残り、ヒンドゥー教徒とのあいだで対立や抗争をくり返してきました。

インド共和国の国旗は、黄（サフラン色）、白、緑の3色で、黄はヒンドゥー教を、緑はイスラム教を象徴し、白はこの二つの宗教の融和を象徴するとされています。しかし世俗の国家は信教の自由を保障するだけで、異なる宗教を共存させる方策を持っていません。

近年のインドではヒンドゥー・ナショナリズムが台頭し、イスラム教徒との対立関係はより厳しいものになっています。1992年にはアヨディヤでヒンドゥー教徒がイスラム教のモスクを破壊するという事件が起こりました。これをきっかけにインド各地で衝突が起こり、多くの死傷者が出ましたが、その大半はイスラム教徒であったとされています。

『ムガル帝国から英領インドへ』では、イギリスによる「分裂させて統治する」という植民地政策がヒンドゥー教を中心としたインドとイスラム教を中心としたパキスタンなどとの国家間の対立と紛争、さらには民族内部での宗教対立という問題を生むことになったことについて、その歴史的起源は、ムスリム王権の成立とその支配にあったと指摘されています。帝国は滅びても、その後世に対する影響は大きなものがあるわけです。

# 第7章　海の帝国から帝国主義へ

## 古代のフェニキアやカルタゴからはじまる「海の帝国」

ここまで取り上げてきた帝国は、いずれも「陸の帝国」です。それぞれの大陸のなかで中心から周辺に向かって版図を広げていくのが「陸の帝国」になります。

陸の帝国と対比されるのが「海の帝国」です。「海洋帝国」といった言い方もあります。古代におけるフェニキアやカルタゴなどは海の帝国でした。フェニキアは地中海の東岸にあり、現在ではシリアに属していますが、紀元前12世紀頃から地中海における海上交易に乗り出し、北アフリカやイベリア半島にまで進出しました。

カルタゴはそうしたフェニキアの植民都市だったのですが、フェニキアがアッシリアなどの攻撃を受けて衰退していくなか、ローマ軍とのポエニ戦争に敗れるまで繁栄を謳歌しました。

その後、11世紀になるとイタリアのジェノヴァやヴェネチアが地中海を通じて東方貿易を担うようになります。ただしどちらも海の帝国として発展したわけではありません。海の帝国の本格的な拡大は15世紀なかばにはじまる「大航海時代」になってからのことです。

その主役になったのがイベリア半島のポルトガルとスペインでした。前章で述べたオスマン帝国はビザンツ帝国を滅ぼしただけではなく、イタリア諸都市の連合艦隊に勝利し、地中海の制海権を獲得します。ポルトガルやスペインは地中海のもっとも西に位置しているので、もともと地中海貿易の恩恵に与っていませんでした。そこで、地中海ではなく、いち早く大西洋に進出していくことになったのです。

そうした大西洋貿易において、突如として大西洋の向こう側に南北アメリカ大陸という新天地が出現したことについて、玉木俊明は『海洋帝国興隆史――ヨーロッパ・海・近代世界システム』（講談社選書メチエ）で、「もしこの土地がなければ、ヨーロッパは大西洋をまたいだ奴隷制を開始することもなく、ジャガイモを食べることもなく、砂糖の消費量も少なく、貧しい地域であったはずである」と指摘しています。

## ジャガイモが新大陸からもたらされる

ここで注目されるのがジャガイモです。

現代の私たちは、当たり前のようにジャガイモを食べています。ジャガイモが日本にもたらされたのは16世紀の終わりのことで、オランダ人の手によってジャワ島のジャガタラを経由して長崎に伝えられたとされています。ですから当初、ジャガイモはジャガタライモと呼ばれていました。

ジャガイモの原産地をさらに遡ると南アメリカのアンデス山脈に行き着きます。大航海時代がはじまることによって多くのものが旧大陸から新大陸へ、またその反対に、新大陸から旧大陸にもたらされました。そのなかには家畜や植物、そして感染症が含まれました。ジャガイモもその一つだったわけです。

こうした旧大陸と新大陸のあいだのものの交換を、アメリカの歴史学者アルフレッド・クロスビーは「コロンブス交換」と呼びました。もちろん、すべてがコロンブスの手によってなされたわけではありませんが、ヨーロッパ人としてはじめて新大陸に行き着いたということで、クリストファー・コロンブスの名を冠せられているわけです。

## コロンブスの功績とスペイン・イサベル女王との契約

コロンブスはイタリアのジェノヴァの出身であったとされています。彼はマルコ・ポーロの『東方見聞録』に登場する黄金の国ジパングに憧れ、西廻りの航路でアジアに向かうことを考えます。最初、ポルトガルの王室にこの航海を提案しますが受け入れられなかったため、スペインに渡りイサベル女王に会って、自らの計画を支援してくれるよう訴えました。

カスティリャ王国の女王であったイサベルが、同じイベリア半島のアラゴン王国の王子フェルナンド2世と結婚することでスペイン王国が誕生しました。イサベルとフェルナンド2世はともに王となって「カトリック両王」と呼ばれましたが、二人にとって重要な課題は、イスラム教徒であるムーア人をイベリア半島から駆逐する「レコンキスタ」にありました。

レコンキスタを第一の目的としたため、イサベル女王はコロンブスの提案を採用しなかったのですが、ムーア人の拠点グラナダを陥落させることに成功することで、1492年4月にコロンブスと契約を結びます。コロンブスは8月に出航し、10月には未知の島に行き着きました。彼はそれをインドにある島と考えましたが、実際にはバハマ諸島の一つで、コロンブスはそこを「サン・サルバドル」、つまり「聖なる救世主」と名付けました。

コロンブスがイサベル女王と交わした契約は「サンタフェ契約」と呼ばれます。そのなかにはコロンブスが発見した土地は永久に提督となる彼のものになること、土地からあがる収益の10%がコロンブスの取り分となることが定められていました。

この契約を見るとコロンブスがインドをめざした目的は金銭の獲得にあったように思えます。しかし最初に発見した島を聖なる救世主と名付けたところには、コロンブスに宗教的な目的があったことが示されています。

コロンブスは終末論の信奉者でした。晩年には「予言の書」という書物まで執筆しています。それは未完に終わるのですが、序文にあたる書簡（1501年から02年）で「世界が終わる七千年に達するまでおよそ155年しか残されていない」と述べています。世界が終わってしまわないうちに福音を伝えなければならないというのです。その根拠は不明ですが、コロンブスは世界ははじまって7000年で終末を迎え、今はすでに6845年が経ったと信じていたのです。

1492年12月26日付の「航海日誌」では、彼がインドと考えた土地から得られるすべての収益をエルサレムにイエス・キリストの墓を回復するために使うことを建言していました。まるでかつての十字軍のようですが、コロンブスの航海の背後には宗教的な情熱が存在したのです（立石博高「大航海時代のスペイン――コロンブスの思想と行動を中心に」同志社大学人文科学研究所第9研究会公開講演）。

コロンブスが自らの航海に宗教的な目的があることを主張したのは、王室から資金援助を得る際に大義名分が必要だったからだとも言えます。しかし航海によって莫大な資産が得られる可能性がある一方で、遠洋航海は過酷で危険がつきまといました。その点で、コロンブスに信仰心があったことが航海への情熱をかき立てたわけで、それは重要な意味を持ちました。

そうしたコロンブスの宗教的なアピールがイサベル女王に受け入れられた背景には、スペインにおける宗教をめぐるさまざまな動きがありました。

## スペインが抱えた複雑な内政と宗教的な葛藤

まず重要なのはイスラム教との関係です。

イベリア半島には最初のイスラム帝国であるウマイヤ朝が進出してきて、大部分の土地がその支配下におかれました。ウマイヤ朝が滅びた後、756年にやはりイスラム帝国である後ウマイヤ朝が建国されます。イスラム帝国においてはキリスト教徒やユダヤ教徒は啓典の民として人頭税を支払い、その代わりに信仰を認められていたわけですが、イスラム教に改宗する人間も少なくありませんでした。

1031年には後ウマイヤ朝は滅亡し、キリスト教勢力によるレコンキスタの事業が次第に進められていくことになります。1348年から49年にかけては黒死病が流行し、スペインは荒廃します。その際にユダヤ人が高利貸しや徴税請負人として私腹を肥やしているとして民衆による攻撃のターゲットになり、キリスト教徒によるユダヤ教徒の大量虐殺「ポグロム」が発生します。

それによってユダヤ教徒に対して、キリスト教徒に改宗するよう圧力が加わることになります。改宗すれば迫害を免れることができるからです。

ところが改宗したユダヤ人が完全にキリスト教徒の仲間と見なされたわけではありません。彼らは「コンベルソ」と呼ばれ、新キリスト教徒として従来からのキリスト教徒とは区別され、差別されたのです。

そして、このコンベルソたちが悪名高い「異端審問」の対象にされていくことになります。

正統とは異なる信仰が異端とされることは、どの宗教にも見られます。ただし、キリスト教の場合、ローマ教会においては公会議（正教会では全地公会議）が開かれ、正統と異端とが明確に区別されるところに特徴がありました。異端は教会から排斥され、その信仰を持ち続けることで迫害を受けたり、処刑されたりしたのです。

12世紀になると南フランスや北イタリアでは、「カタリ派」と呼ばれる異端が広がりを見せます。カタリ派の元はバルカン半島のブルガリアに生まれた「ボゴミル派」ではないかと言われます。ボゴミル派もカタリ派も、現実に存在する世界は悪によって支配されているととらえ、徹底した禁欲生活をめざすところに特徴があります。

究極的には、この世の悪から逃れるために死を選択することが理想とされました。ただこれは、カタリ派のなかでも「完徳者」と呼ばれた聖職者にのみ求められたことで、一般信者である「帰依者」には死を前にしての救いとなる「救慰礼」が用意されていました。

カタリ派が勢力を拡大した時期にはキリスト教世界に「托鉢修道会」が生まれ、清貧の生活を実践する動きが高まります。托鉢修道会の誕生は腐敗・堕落した既存の教会に対する批判がもとになっていましたが、カタリ派の禁欲思想と重なり合う部分がありました。

異端と托鉢修道会をどこで区別するのか、それはかなり難しい問題でした（渡邊昌美『異端カタリ派の研究——中世南フランスの歴史と信仰』岩波書店）。

## フランスで生まれた異端審問

聖地エルサレムを奪回しようとする十字軍は11世紀の終わりからはじまりますが、そのなかにはエルサレムに向かうのではなく、南フランスのカタリ派を撲滅させるために組織された「アルビジョワ十字軍」も含まれていました。

そこから異端を撲滅するための異端審問が生まれることになります。ローマ教皇は異端審問官を指名して異端の摘発にあたらせましたが、托鉢修道会の一つであるドミニコ会の修道士が指名されることが少なくありませんでした。そのなかの一人が歴史上名高いベルナール・ギーで、1323年頃に彼が書いた『異端審問の実務』という本は異端審問を行う上で教科書的な役割を果たすようになりました（渡邊昌美『異端審問』講談社学術文庫）。

こうした異端審問がレコンキスタが進むスペインにも採り入れられることになります。対象となったのはフランスではカタリ派のような異端だったわけですが、スペインでは主にコンベルソでした。1478年、カトリック両王はローマ教皇に異端審問所の設置を要請し、その許可を得ます。2名のドミニコ会士が審問官として活動を開始し、キリスト教に改宗したもののユダヤ教に回帰した隠れユダヤ教徒の摘発に乗り出します。81年には6名のコンベルソが処刑されました。その春だけでも100名が処刑されています。

異端審問の対象となったのは生きている者だけではなく、死者や別の土地へ移った人間にも及びました。死者は墓から遺骸が暴かれ、移った者だと、その似姿が焔《ほのお》のなかに投じられました。そしてコロンブスが新大陸に行き着き、イスラム教徒がイベリア半島から駆逐された1492年には、ユダヤ人追放令も出されます。ユダヤ人はキリスト教に改宗するか追放されるかを迫られたのです。

スペインではこうした事態が進行するなかで、それまでにないキリスト教の信仰の高まりも起こりました。

一つは聖ヤコブ信仰です。ヤコブはイエス・キリストの十二弟子の一人ですが、9世紀の初頭にスペイン北西部のサンティアゴ・デ・コンポステラで、その墓が発見されました。ヤコブはイエスの弟子のなかで最初に殉教したとされ、遺体は1世紀後半にエルサレムからは遠く離れたイベリア半島の西端に埋葬されていたというのです。もちろんこれは伝説で、歴史上の事実というわけではありません。

サンティアゴ・デ・コンポステラは現在、ローマやルルドと並ぶカトリック教会の聖地になり多くの巡礼者を集めていますが、レコンキスタが進められるなかで聖ヤコブはスペインのキリスト教徒の守護聖人と見なされました。兵士たちは「サンティアゴ」という鬨《とき》の声を上げながらイスラム教徒に向かっていき、彼らが苦境に陥ったときには聖ヤコブが白い馬にまたがって天から降りてくるとされたのです。

もう一つ高まりを見せたのが聖母マリアへの信仰です。その中心となったのがエストレマドゥラ地方のトゥルヒーリョにあるグアダルーペ修道院でした。そこに安置された黒い聖母像はイスラム軍が侵入してきた際にセビーリャからその地へ運ばれ、洞窟に隠されていたのが発見されたと言われます。マリア信仰のなかには、イスラム教徒との戦いで捕虜になったキリスト教徒の救出譚やイスラム教徒のキリスト教への改宗譚などが含まれていました。

## キリスト教信仰の高まりと選民意識

こうした状況のなかでレコンキスタが実現されることになります。その結果、スペイン人こそが世界史の舞台を支配するべく、神によって「選ばれた存在」であるという選民意識を生むことになりました。そうした点を強調したのが貴族の騎士階層と入れ換わる形で宮廷に入ってきた文人官僚です。彼らはスペインの歴史は神の摂理によるもので、その頂点には神による啓示を受けて指名された王が位置づけられることになりました。スペインという国家自体が宗教性を帯びることになったのです。この点でコロンブスの信仰と重なり合ってきます。

それを反映し、ペルーのインカ帝国を征服したフランシスコ・ピサロに同行したカトリックの聖職者、ドミニコ会士のビセンテ・デ・バルベルデは、インカの首領と相対したときに先住民たちに向かって「教皇様は全世界の土地をキリスト教徒の王にお分けになり、征服を任された。汝の地方は、我らが君、ドン・カルロス皇帝陛下に分け与えられた。陛下は、これを伝えるべく、その代理ピサロ総督を派遣された」と述べました。要するに洗礼を受けてキリスト教徒になれば皇帝陛下は庇護を与えるが、それを拒んだときには厳しい戦いを仕掛けると宣言したのです（網野徹哉『インカとスペイン帝国の交錯』講談社学術文庫。ただし、この宣言には諸説あるといいます）。

スペインから新大陸に向かい、そこを征服した人間はスペイン語で「コンキスタドール」と呼ばれます。コンキスタドールとしては、ピサロの他にメキシコのアステカ王国を征服したコルテスの名がよく知られています。コルテスの場合、「新大陸のモーセ」とも呼ばれたように先住民をキリスト教徒に改宗させることに熱心でした。

新大陸における植民地の総督は、スペイン本国に設けられたインド諸地域評議会の助言にもとづいて国王によって定められ、政策の執行者となりました。それはポルトガルでも同様でした。総督は当初から新大陸に渡ったドミニコ会、フランシスコ会、アウグスティノ会、さらには後発のイエズス会の宣教師を援助し、キリスト教の宣教活動を推進させました。

キリスト教化の進展は地域によって違いがあり、ピサロによる破壊と収奪が激しかったペルーでは先住民の抵抗が長く続きました。逆にメキシコやコロンビアでは、教勢は順調に伸びていきました。

メキシコでは1531年にキリスト教に改宗して間もない先住民のファン・ディエゴに聖母マリアが出現し、大聖堂を建てるよう要求する出来事が起こります。これがグアダルーペの聖母として崇敬の対象になり、大聖堂は一大巡礼地として、キリスト教の信仰を広めることに貢献します。ここに祀られた聖母は、スペインのグアダルーペと同様に黒い聖母でした。

こうして中南米にカトリックの信仰が広まりました。ちょうどこの時代、16世紀にはヨーロッパ各地で宗教改革の動きが起こり、それによってカトリック教会を批判するプロテスタントが誕生することになります。北アメリカにはカトリックの信仰も広まってはいきますが、中心となったのはプロテスタントの信仰でした。

そこには海の帝国の中心が変化していったことが関係しています。最初、ヨーロッパで海の帝国となったのはスペインやポルトガルだったわけですが、やがて、それに代わってオランダやフランスが海の帝国として新大陸に進出していきます。最終的に海の帝国として世界を支配したのがイギリスでした。イギリス帝国の誕生です。

イギリス帝国とは、イギリスと海外の植民地全体をさし、グレートブリテン帝国とも言われます。イギリス帝国は最初スコットランドを併合し、アイルランドに入植します。それから北アメリカに進出し、植民地を築いていきました。

## 「メイフラワー号」からはじまる北アメリカへの移住

北アメリカでの植民地の建設は16世紀の終わりからはじまりますが、重要な存在となったのが宗教的な理由で植民地に向かった人々でした。

1620年12月21日、北アメリカの東海岸に帆船「メイフラワー号」が到着します。船の全長は27・5mで180tほどですから、決して大きな船ではありません。それでも乗客は102名にもなり、25名から30名の乗員が乗っていました。

乗客のうち、およそ3分の1はイギリス国教会の迫害を受け、国教会からの分離をめざす「分離派」の人間たちでした。

イギリスにも1530年代から70年代にかけて宗教改革の波が及び、イギリス国教会のカトリック教会からの分離、独立という事態が起こります。ところがエリザベス1世の治世の時代に、国教会が王権に支配されていることに不満を持つ人々が現れ、宗教改革をより純粋で徹底したものにすることを求めるようになります。

彼らは国教会に従わなかったため、「非国教徒」、あるいは「ピューリタン（清教徒）」と呼ばれました。ピューリタンにはもともと「杓子定規」や「偽善者」といった必ずしも好ましくないニュアンスがありましたが、やがて純粋な信仰を求める人々の意味で使われるようになっていきます。

そうした人々が分離派ですが、彼らは「聖徒」とも呼ばれました。メイフラワー号に乗船した分離派は男性が17名、女性が10名、それに子どもが14名で、全部で41名にのぼりました。

彼らが乗ってきた船はイギリス南西部にあるプリマスから出航しましたが、着いた場所にも偶然プリマスという地名がつけられていました。彼らよりも早く入植していたキャプテン・ジョン・スミスによる命名です。メイフラワー号はイギリスのプリマスからアメリカのプリマスまで66日かけて航海しています。

プリマスへの入植者は、やがて「ピルグリム・ファーザーズ（巡礼始祖）」と呼ばれるようになります。ピルグリムとは巡礼の意味ですが、それも彼らが入植地を聖書に描かれた「約束の地」にしようとしたからです。

イギリス帝国による北アメリカの開拓は、すでに16世紀の末からはじまっていました。1558年に最初に送り込まれたイギリスの植民団は全滅しています。入植の動きが本格化するのは17世紀に入ってからで、キャプテン・ジョン・スミスはその先駆者となり、1607年、プリマスに近いジェームズタウンに150名の植民団を率いて入植しました。

ジェームズタウンは北アメリカにおけるイギリス人植民地の最初の成功例になるわけですが、現在ではプリマスの方がはるかに有名になっています。プリマスの港には復元されたメイフラワー2世号が係留されています。船の近くにはギリシャにある神殿のような建物がたっており、そのなかに大きな岩が一つおかれています。岩にはメイフラワー号が到着した年号、「1620」の文字が刻まれていますが、上陸者たちは最初にその岩に足を踏み下ろしたと伝えられています。そこから「プリマス・ロック」と呼ばれるようになり、アメリカ建国を物語る貴重な史跡となっています。

そもそもプリマスに入植したピルグリム・ファーザーズは1602年にイギリスからオランダに移住した民でした。ところが彼らは農民であったため、移住したアムステルダムの都市生活になじめませんでした。そこでメイフラワー号でのアメリカ移住を考えるようになるのです。この入植は『旧約聖書』の「出エジプト記」に記された、モーセに率いられてのエジプトからのユダヤ人の脱出、出エジプト（エクソダス）になぞらえられました。

しかしメイフラワー号には彼らとは信仰を同じくしないよそ者たちも同乗していました。誰もが信仰心を持っていたわけではなく、植民者全体が結束するのは容易なことではありませんでした。

しかも植民した場所の環境は厳しく、小さな船でやってきたため住環境を整えるための十分な資材など持ってきてはいませんでした。それに到着したのは真冬でした。到着してから二、三ヵ月のあいだに、一行のうち半分もの人間が命を落としました。長い航海でビタミンCが欠乏し、壊血病にかかった人間が多かったからです。

それでも彼らは苦難を乗り越え、2年目の秋にはトウモロコシの収穫にも恵まれました。収穫の際にはそれまで彼らを助けてくれた先住民を招き、感謝の宴を行ったとされます。これが11月の第4木曜日に行われる感謝祭の起源になっているのですが、実際にプリマスでそういう宴がくり広げられたのかどうか、必ずしも明確ではありません。一種の神話と考える必要があります。

「選ばれた民」としての自覚を持つ初期の入植者たちは、当然にも信仰に熱心でした。安息日である日曜日には労働を休み、「ミーティングハウス」と呼ばれる教会堂に集まりました。礼拝で説教が延々と続き、安息日は信仰活動にすべて費やされたのです。

こうした形でアメリカにイギリスによる植民地が生まれ、やがてアメリカ合衆国としてイギリスから独立することになります。租税の問題などをめぐって13の植民地とイギリス本国との深刻な対立が生まれて独立戦争が勃発したことによって、１７８３年に独立が実現されました。

その独立以前、アメリカでは信仰をめぐって独特な動きがありました。それが18世紀のなかばに起こった「大覚醒」です。これはその後もくり返されたので、第１次大覚醒と呼ばれます。巡回する牧師が屋外で集会を開き熱烈な説教をすることで、キリスト教の信仰を覚醒させていったのです。こうしたやり方は西部のフロンティアでも行われるようになり、第２次、第３次の大覚醒が起こることになっていきます。

### アメリカにおけるキリスト教分布

アメリカの特徴は、さまざまなキリスト教の宗派が存在することにあります。最初はイギリス国教会やそこから分離したピューリタンが入ってきたわけですが、他にも改革派、ルター派、会衆派、長老派、クエーカー、バプティスト、メノナイト、エピスコパル、メソディスト、モルモン教、セブンスデー・アドヴェンティスト、ホーリネス、ペンテコスタルなどがあります。皆プロテスタントで、なかにはヨーロッパで生まれた宗派もありますが、エピスコパル以降はアメリカで生まれた宗派です。

他にカトリックもありますし、東方正教会もあります。あるいはクリスチャン・サイエンス、エホバの証人、救世軍など、キリスト教系の新宗教に分類されるものもありますし、アーミッシュやシェーカーズのように、独自の共同体を営むところもあります（橋爪大三郎『アメリカの教会——「キリスト教国家」の歴史と本質』光文社新書）。

あるいは福音派と呼ばれる人たちもいます。福音派は福音主義、キリスト教原理主義なども呼ばれています。自然科学の知見を認める「自由主義神学」に対抗するもので、聖書に記されていることを絶対とし、進化論や人工妊娠中絶を認めない立場をとります。現在のアメリカでは人口全体がプロテスタント諸派、カトリック、福音派、無宗教・無神論にほぼ四分されています。

ヨーロッパの場合、カトリックが多い国とプロテスタントが多い国に分けられます。フランスやイタリア、スペイン、ポルトガルなどはカトリックが多数派を占めています。一方、プロテスタントが多い国でも、イギリスならイギリス国教会、ドイツならドイツ福音主義教会が中心になっています。どの国でも主流となる宗派が決まっているわけです。

ところがアメリカの場合には、キリスト教が多数派ではあっても、多くの宗派が併存しています。そこにはアメリカの歴史が深くかかわっていて、さまざまな国からさまざまな人々が移民してきたことがその原因になっています。

最初はイギリスからの移民が多かったのでイギリス国教会の信仰が広まりますが、ドイツや北欧からの移民によってルター派が、スコットランドやイングランドからの移民によって長老派が広がります。カトリックであればアイルランドやイタリア、正教会ならばロシアや東ヨーロッパからの移民によって信仰がもたらされました。その結果、アメリカのキリスト教の特徴は諸宗派が人種別、民族別に組織されたことにあります。そのことはアメリカを一つに統合する障害ともなり、今日問題になる「分断」を生んでいるのかもしれません。

このようにヨーロッパの海の帝国によって、中南米や北米ではキリスト教が広まっていきました。もちろん新大陸においても先住民のあいだにはそれ以前に独自の宗教が広まっていたわけですが、キリスト教はそれを圧倒し、先住民のほとんどをキリスト教に改宗させていきました。

新大陸は宗教的な空白地帯ではなかったわけですが、すでにその地域にあった宗教はキリスト教ほどの体系性も組織性も持っていませんでした。しかもヨーロッパの勢力は鉄砲のような進んだ武器を携えており、それも新大陸にはないものでした。ヨーロッパ人が天然痘などの感染症をもたらしたことも、新大陸の社会を弱体化させることにつながりました。

## 海の帝国の進出によりキリスト教の勢力圏が広がる

大航海時代の到来と海の帝国の進出はキリスト教の勢力圏を大幅に拡大することに結びつきました。

北アフリカにはローマ帝国の時代からキリスト教が広まっていました。しかしイスラム帝国が勢力圏を広げていくと、北アフリカはイスラム教の支配下におかれ、キリスト教は駆逐されてしまいました。キリスト教が誕生した中東でもイスラム教に押され、そこに残ったキリスト教徒はネストリウス派や単性論派など、ローマ教会から異端とされた勢力だけでした。こうした状況が、大航海時代以降大きく変わり、キリスト教は勢力を飛躍的に拡大したのです。

海の帝国が新大陸以外にキリスト教をもたらした国としては、東南アジアのフィリピンと東ティモールがあげられます。フィリピンはスペインの、東ティモールはポルトガルの植民地になることでキリスト教のカトリックの信仰が広がり、現在でも住民の大半はカトリック教徒です。西ティモールも最初ポルトガルの植民地になりますが、その後、オランダがポルトガル人を追い出し、オランダ領となりました。そうした経緯があるために西ティモールではカトリックとプロテスタントの双方の信仰が広まっています。

イギリス帝国はカナダやインド、オーストラリアやニュージーランド、南アフリカにも勢力を広げていきキリスト教を広める役割を果たしました。

インドではイギリスによる植民地支配を受けるまで、すでにヒンドゥー教があり、ムガル帝国の支配下でイスラム教が広まっていましたから、キリスト教がインドの支配的な宗教になることはありませんでした。現在、インドのキリスト教徒は人口の2％程度と見積もられています。

それ以外の国々の場合、カナダをはじめオーストラリア、ニュージーランド、そして南アフリカでは、現在住人のほとんどはキリスト教の信仰を持っています。イギリス帝国がもたらしたものです。大航海時代以降の海の帝国の力によって、キリスト教は世界第1位の宗教に発展していったのです。

### 産業革命と資本主義の発達

その後、19世紀の後半になると「帝国主義」の時代が訪れます。19世紀のはじめの時点では、この時代は、欧米列強が世界に植民地を広げていきました。それが1878年には67％となり、第一地表面積中に占める植民地の割合は35％でした。それが1878年には67％となり、第一次世界大戦がはじまる1914年には84％にも達しました（前掲「帝国と支配」）。

なぜ帝国主義の時代が訪れたのでしょうか。

それについてもっともよく知られた見解は、ロシア革命を担ったレーニンの著作『帝国主義論』に示されたものです。レーニンは資本主義が発達することによって資本の集中や独占が起こり、金融資本の支配が確立されることで資本輸出が増大し、さらに世界市場の分割支配が進んだと分析しました。

資本主義が発達する背景には産業革命がありました。産業革命は機械を導入することによる生産技術の革新と、石炭というエネルギーを利用した蒸気機関の出現によって鉄道や蒸気船が実用化されることで起こったものですが、イギリスはその先鞭をつけ、帝国を発展させていく土台を形成することに成功しました。

そうした産業革命と資本主義の波はイギリスからドイツやフランス、イタリア、ベルギー、あるいはアメリカといった欧米各国に及び、さらにはロシアや日本にも波及していきました。ここにあげた8ヵ国が「列強」とされ、競争しあうことで世界に植民地を広げていったのです。

それによってイギリス帝国だけではなく、フランス帝国やアメリカ帝国、ロシア帝国が生まれ、日本も大日本帝国を名乗るようになっていきます。その点で、古代から勃興をくり返してきた帝国が、現代において新たな装いのもとに出現したとも言えます。さらに、支配する列強の側と支配される植民地の側に力の面で圧倒的な差があることが帝国主義時代の帝国の特徴でもありました。それは海の帝国による新大陸などの支配とも共通するものでした。

ただ、帝国主義の時代には、植民地となった国々にはキリスト教やイスラム教、あるいは仏教といった世界宗教がすでに広がっていて、人々の暮らしのなかに定着もしていましたから、それによって新たに宗教が勢力を拡大していくようなことは起こりませんでした。イギリス帝国がインドを支配しても、キリスト教がさほど広がらなかったことがその典型例になります。

## 大日本帝国の「宗教政策」

帝国主義の時代に帝国が宗教を広めようとした試みの一つとして、日本の神道があげられます。

神道は日本に固有の民族宗教で、国外に広まっているのは日本人が移民した地域に限られます。ハワイやアメリカ本土、ブラジルなどです。

大日本帝国の時代には、植民地となった海外の土地に多くの神社が建てられました。移民が建てた神社も含め、それは「海外神社」と呼ばれますが、最盛期にはおよそ650社に及びました。海外神社が建てられた地域としては朝鮮、台湾、樺太、関東州、南洋諸島、中国があげられます。いずれも明治以降に設立されたものでした。

海外神社のなかで政府が設立したものに、朝鮮神宮、台湾神宮、樺太神社、関東神宮、南洋神社がありました。

現在でこそ神道は宗教の一つとされていますが、第二次世界大戦前の日本では神道は「国家の宗祀」と位置づけられ、宗教の枠からは外されていました。国家の宗祀とは国民全体が崇め奉るべきものを意味します。大日本帝国憲法でも、条件付きではありますが、信教の自由が保障されていました。その点で国民に特定の宗教を強制することはできないわけで、神道は宗教の枠から外されることで国民道徳として強制されました。

したがって海外神社の場合にも、信仰は植民地の人々に強制されました。その傾向がもっとも著しかったのが朝鮮神宮です。満州事変以降になると朝鮮総督府は朝鮮の人々に参拝を強制し、その結果、多くの人々が参拝するようになりました。当然、そのような強制に不満を持つ人々が出てきました。特にキリスト教徒は参拝に抵抗しました。

その結果、神社参拝を拒否したキリスト教徒は朝鮮の人々からも非国民の扱いを受けました。それを避けるため、教会を脱会した人もいました。廃止された教会もありました。朝鮮総督府は1938年9月、朝鮮でもっとも大きな教会で、神社参拝拒否を強力に推し進めてきた長老派教会に働きかけ、総会で神社参拝の実施を決議させています。また、伊勢神宮の神札である神宮大麻も大麻奉斎会を通じて祀ることが強制されました（新田光子「海外神社研究のための一考察」『ソシオロゴス』29巻2号、1984年）。

こうした海外神社は、日本が戦争に敗れることによって大部分が廃止され、現在は消滅しています。その点では神道の信仰は根づかなかったことになります。

日本が戦争に勝利し植民地支配が継続されていれば、状況は異なるものになっていたかもしれません。しかし、戦後はどの国や地域においても植民地の独立という事態が起こりましたから、大日本帝国の植民地も独立し、それに伴って神社は廃止されていたことでしょう。

神道は宗教の一つではありますが、創唱者もおらず、明確な教義の体系を備えていません。仏教の影響で教えが説かれるようにもなりましたが、重要なのはあくまで神を祀る祭祀で、儀礼を営むことが中心になります。

儀礼は宗教行為で、実践することで日常では味わうことのない神聖な感覚に包まれるかもしれませんが、実践者の内面に影響を与えるものではありません。したがって参拝という行為は強制できたとしても、それによって神道に対する信仰心が芽生えるわけではありません。そこに海外で神道の信仰が根づかなかった根本的な原因があります。

帝国主義の時代になれば、帝国が宗教の地政学的な広がりに影響を与えなかった。そのように考えられるのです。

# おわりに

## 世界宗教の実態と帝国との関係

世界宗教として、キリスト教とイスラム教、それに仏教が勢力を拡大してきました。人口の面で見たとき、キリスト教が世界第1位の宗教で、第2位がイスラム教です。仏教は、この二つの世界宗教に比べれば信者の数は多くはありません。

２０２０年の時点でキリスト教が23億８０００万人、イスラム教が19億人であるのに対して、仏教は5億人です。インドのヒンドゥー教は11億６０００万人ですから、仏教を上回っています。ただ、ヒンドゥー教はインド以外にはほとんど広まっていませんので、世界宗教として考えることはできません。

世界宗教のなかで最初に生まれたのは仏教で、２５００年前のこととされます。その後、キリスト教が２０００年前に生まれ、イスラム教が１４００年前に誕生しています。

仏教が生まれる以前、地球上には世界宗教と言えるものは存在しなかったことになります。しかも、その時点で仏教の信者はインドの限られた地域にしかいませんでした。仏教が世界宗教に発展するまでには、それからかなりの時間が必要でした。

２５００年前と言えば、私たちからすれば途方もない昔のことです。日本はまだ弥生時代です。しかし人類の歴史は５００万年に達しているとされますから、２５００年という時間の流れは、人類史全体からすればごく短い期間になります。

キリスト教とイスラム教、そして仏教の信者を合計すれば50億人近くに達します。世界全体の人口はおよそ80億人ですから、世界宗教の信者はかなりの割合だと言えます。また、キリスト教とイスラム教を合わせると世界人口の半分以上を占めますから、わずか２００年で一神教が地球上を席捲したことになります。

ここまで見てきたように、こうした世界宗教が広がる上で、帝国は極めて重要な役割を果たしてきました。

帝国は版図を広げていくとともに、それぞれに特定の信仰を拡大させてきました。ローマ帝国が拡大し、さらにその後継帝国が勢力を広げることで、キリスト教はヨーロッパに広がり、定着しました。イスラム教はイスラム帝国という形で信仰者を増やしていきました。ローマ帝国がキリスト教を採り入れ、イスラム帝国が生まれなければ、キリスト教やイスラム教が世界宗教に発展することはなかったでしょう。

モンゴル帝国のはじまりには天からの啓示がありました。ところがそれは確固たる宗教に発展しなかったため、帝国の拡大が特定の宗教を広めることには結びつきませんでした。

彼らはチベット仏教やイスラム教に接することで、そうした信仰を採り入れていきます。ムガル帝国はモンゴル帝国の発展形態ということになりますが、インドにイスラム教を広めることに貢献しました。

仏教の拡大には帝国は必ずしもかかわっていません。インドの王や中国の皇帝には仏教を深く信仰した人物もいましたが、王朝や帝国の拡大につれて仏教が広まったわけではありません。それでも仏教は、発祥の地であるインドから中央アジアや東南アジア、そして東アジアに広まっていきました。

仏教は出家者である僧侶中心の宗教です。僧侶は僧院で修行を実践し、教えの研鑽につとめます。在家の信者は、そうした僧侶の生活を支えることで功徳を得ようとしました。しかも僧侶は世俗の生活を離れ出家しており、現世での生活を苦に満ちたものとして否定する傾向があります。仏教は根本的に現世拒否の宗教ですから、それを帝国の統治に役立てることは難しい面があります。そのために帝国とともに拡大していくことにはならなかったのです。

## 帝国は滅びても宗教は消滅しない

歴史上、多くの帝国が生まれましたが、どの帝国もやがて滅びていくことになりました。

しかし帝国が滅亡することによって、宗教まで消滅してしまうわけではありません。いったん広まった宗教はそれぞれの地域に定着し、帝国滅亡以降も歴史を重ねてきました。

宗教は個人が信仰するものではありますが、同時に社会性を持っています。地域社会においては、その住人たち全体に共通した宗教があり、宗教を共通にする人間同士が連帯し社会生活を送ります。

同じ地域に住む人々の間では共通の信仰が代々受け継がれていきます。キリスト教徒が皆、個々人で信仰を選択したというわけではなく、キリスト教が広まった地域に生まれれば、自ずとキリスト教の信者になっていくのです。それは他の宗教でも同じです。

それぞれの宗教では礼拝の施設が設けられます。キリスト教の教会、イスラム教のモスク、仏教の寺院です。地域社会においては、そうした礼拝の施設が生活の中心となり、信者である住人がそこで宗教活動を展開していくことになります。

イスラム教の場合にはシャリーアと呼ばれるイスラム法が重要で、それが信者の生活を律していくことになります。イスラム教が定着すると、そこからの改宗が起こりにくくなるのも、これが関連します。地域全体がイスラム法を核として運営されているので、それを変えようとする動きが生まれにくくなるのです。

イスラム帝国の拡大はイスラム法を広めていくことに結びつきました。人々がイスラム法に従って生活を営んでいけば社会は安定し、帝国の秩序が乱れることはありません。ムガル帝国が不安定だったのは、イスラム教徒が少数派にとどまり、イスラム法によってインド全体を統治することができなかったからです。

逆にキリスト教にはイスラム法のような宗教法が発達しませんでした。そこにはイスラム教にはない聖と俗、政治と宗教の分離ということがあったからで、ローマ帝国ではキリスト教が広まっても、世俗法の体系であるローマ法が社会を律する役割を担いました。

聖と俗が分離されるということは、キリスト教の権力と世俗の権力が併立することを意味します。ローマ帝国以降、キリスト教が広まった地域においては、この二つの権力が競合し、支え合う一方で、鋭く対立することもありました。これによってキリスト教会と帝国とは複雑な関係を持つことになったのです。

これが中国になれば、儒教は教団も信者もない「見えない宗教」でした。道教や仏教は、それぞれ聖職者がいて教団を組織するようになりましたし、代々の皇帝のなかには、どちらかの宗教の熱心な信者となった者もいました。ただ、道教や仏教が中華帝国の支配的な宗教になることはなく、帝国を支えたのは見えない宗教としての儒教でした。

教団の存在しない儒教は、それを広めていく手立てを持ちません。ただ、為政者である皇帝には儒教で説かれる徳を持つことが求められ、皇帝を支える官僚も、儒教の教えにもとづいて帝国を統治しなければなりませんでした。儒教は為政者にだけ適用される宗教法であったと見ることもできます。

このように、帝国と宗教の関係は複雑で宗教によってあり方は大きく異なります。私たちは、この本を通して、そうした多様で複雑であり、また重要な関係を見てきたことになります。帝国と宗教の融合と相克こそが、世界の歴史を動かし、今日の世界を作り上げてきたのです。

# 主要参考文献

カレン・アームストロング（塩尻和子・池田美佐子訳）『聖戦の歴史――十字軍遠征から湾岸戦争まで』柏書房、2001年
ミルチア・エリアーデ（中村恭子訳）『世界宗教史』筑摩書房、のちにちくま学芸文庫、2000年
ジャック・ル・ゴッフ（渡辺香根夫訳）『中世の高利貸――金も命も』法政大学出版局、1989年
『コーラン』井筒俊彦訳、岩波文庫、1957
イブン・ジュバイル（藤本勝次、池田修監訳）『イブン・ジュバイルの旅行記』講談社学術文庫、2009年
イブン・タイミーヤ（湯川武・中田考共訳）『シャリーアによる統治』日本サウディアラビア協会、1991年
ロジェ＝ポル・ドロワ（島田裕巳・田桐正彦訳）『虚無の信仰――西欧はなぜ仏教を怖れたか』トランスビュー、2002年
オーギュスタン・フリシュ（野口洋二訳）『叙任権闘争』ちくま学芸文庫、2020年
メアリー・ボイス（山本由美子訳）『ゾロアスター教――三五〇〇年の歴史――』講談社学術文庫、2010年
アンガス・マディソン（政治経済研究所訳）『経済統計で見る世界経済2000年史』柏書房、2004年
S・ランシマン（和田廣訳）『十字軍の歴史』河出書房新社、1989年
フレデリック・ルノワール（今枝由郎訳）『人類の宗教の歴史――9大潮流の誕生・本質・将来』トランスビュー、2011年
青木健『古代オリエントの宗教』講談社現代新書、2012年
青木健『ゾロアスター教』講談社選書メチエ、2008年

愛宕松男・寺田隆信『モンゴルと大明帝国』講談社学術文庫、１９９８年
阿部拓児『アケメネス朝ペルシア　史上初の世界帝国』中公新書、２０２１年
網野徹哉『インカとスペイン帝国の交錯』講談社学術文庫、２０１８年
新井政美『オスマンvs.ヨーロッパ――〈トルコの脅威〉とは何だったのか』講談社学術文庫、２０２１年
市川裕『ユダヤ教の歴史』山川出版社、２００９年
市川裕『ユダヤ人とユダヤ教』岩波新書、２０１９年
井筒俊彦『イスラーム生誕』人文書院、１９７９年
井筒俊彦『イスラーム文化――その根柢にあるもの』岩波文庫、１９９１年
伊藤義教『古代ペルシア』岩波書店、２０１４年
大黒俊二『嘘と貪欲　西欧中世の商業・商人観』名古屋大学出版会、２００６年
大澤武男『ユダヤ人とローマ帝国』講談社現代新書、２００１年
大西直樹『ピルグリム・ファーザーズという神話――作られた「アメリカ建国」』講談社選書メチエ、１９９８年
小笠原弘幸『オスマン帝国――繁栄と衰亡の６００年史』中公新書、２０１８年
岡田英弘『中国文明の歴史』講談社現代新書、２００４年
岡田英弘『世界史の誕生――モンゴルの発展と伝統』ちくま文庫、１９９９年
小川忠『インドネシア　イスラーム大国の変貌――躍進がもたらす新たな危機』新潮選書、２０１６年
加藤九祚『中央アジア歴史群像』岩波新書、１９９５年
樺山紘一他編『岩波講座　世界歴史5　帝国と支配――古代の遺産』岩波書店、１９９８年
鎌田茂雄『中国仏教史』岩波全書、１９７８年
蒲生礼一『イスラーム――回教』岩波新書、１９５８年

菊池良生『神聖ローマ帝国』講談社現代新書、2003年
栗田伸子・佐藤育子『通商国家カルタゴ』講談社学術文庫、2016年
小島晋治『太平天国革命の歴史と思想』研文出版、1978年
小杉泰『イスラーム帝国のジハード』講談社学術文庫、2016年
佐竹明『使徒パウロ――伝道にかけた生涯』日本放送出版会、2008年
佐藤正哲ほか『ムガル帝国から英領インドへ（世界の歴史14）』中公文庫、2009年
佐藤唯行『英国ユダヤ人　共生をめざした流転の民の苦難』講談社選書メチエ、1995年
嶋田襄平『イスラム教史（世界宗教史叢書5）』山川出版社、1978年
島田裕巳『教養としての世界宗教事件史』河出文庫、2016年
島田裕巳『教養としての世界宗教史』宝島社新書、2020年
杉山正明『モンゴル帝国と長いその後』講談社学術文庫、2016年
杉山正明『モンゴル帝国の興亡　上・下』講談社現代新書、1996年
高柳俊一・松本宣郎『キリスト教の歴史2』山川出版社、2009年
高山博『中世シチリア王国』講談社現代新書、1999年
玉木俊明『海洋帝国興隆史――ヨーロッパ・海・近代世界システム』講談社選書メチエ、2014年
中田考『宗教地政学から読み解くロシア原論』イースト・プレス、2022年
中田考『イスラーム――生と死と聖戦』集英社新書、2015年
橋爪大三郎『アメリカの教会――「キリスト教国家」の歴史と本質』光文社新書、2022年
林佳世子『オスマン帝国500年の平和』講談社学術文庫、2016年
林俊雄『遊牧国家の誕生（世界史リブレット）』山川出版社、2009年

平野聡『大清帝国と中華の混迷』講談社学術文庫、２０１８年
廣岡正久『キリスト教の歴史３　東方正教会・東方諸教会』山川出版社、２０１３年
保坂高殿『ローマ帝政中期の国家と宗教――キリスト教迫害史研究１９３―３１１年』教文館、２００８年
堀米庸三『中世の光と影』上・下、講談社学術文庫、１９７８年
前田耕作『宗祖ゾロアスター』ちくま学芸文庫、２００３年
松本宣郎編『キリスト教の歴史１　初期キリスト教〜宗教改革』山川出版社、２００９年
松本宣郎『ガリラヤからローマへ――地中海世界をかえたキリスト教徒』講談社学術文庫、２０１７年
間野英二『中央アジアの歴史』講談社現代新書、１９７７年
水野和夫『資本主義の終焉と歴史の危機』集英社新書、２０１４年
南川高志『海のかなたのローマ帝国――古代ローマとブリテン島』岩波書店、２００３年
南川高志『新・ローマ帝国衰亡史』岩波新書、２０１３年
森谷公俊『アレクサンドロスの征服と神話』講談社学術文庫、２０１６年
山内進『十字軍の思想』ちくま新書、２００３年
山本由美子『マニ教とゾロアスター教』山川出版社、１９９８年
弓削達『ローマ皇帝礼拝とキリスト教徒迫害』日本基督教団出版局、２００４年
渡邊昌美『異端カタリ派の研究――中世南フランスの歴史と信仰』岩波書店、１９８９年
渡邊昌美『異端審問』講談社学術文庫、２０２１年
和辻哲郎『孔子』岩波文庫、１９８８年

講談社現代新書　2708

# 帝国《ていこく》と宗教《しゅうきょう》

二〇二三年六月二〇日第一刷発行

著　者　島田裕巳《しまだひろみ》 

発行者　鈴木章一
発行所　株式会社講談社
東京都文京区音羽二丁目一二―二一　郵便番号一一二―八〇〇一
電　話　〇三―五三九五―三五二一　編集（現代新書）
〇三―五三九五―四四一五　販売
〇三―五三九五―三六一五　業務
装幀者　中島英樹／中島デザイン
印刷所　株式会社ＫＰＳプロダクツ
製本所　株式会社国宝社
定価はカバーに表示してあります　Printed in Japan



N.D.C. 162　222p　18cm
ISBN978-4-06-532446-2

# 「講談社現代新書」の刊行にあたって

教養は万人が身をもって養い創造すべきものであって、一部の専門家の占有物として、ただ一方的に人々の手もとに配布され伝達されうるものではありません。

しかし、不幸にしてわが国の現状では、教養の重要な養いとなるべき書物は、ほとんど講壇からの天下りや単なる解説に終始し、知識技術を真剣に希求する青少年・学生・一般民衆の根本的な疑問や興味は、けっして十分に答えられ、解きほぐされ、手引きされることがありません。万人の内奥から発した真正の教養への芽ばえが、こうして放置され、むなしく滅びさる運命にゆだねられているのです。

このことは、中・高校だけで教育をおわる人々の成長をはばんでいるだけでなく、大学に進んだり、インテリと目されたりする人々の精神力の健康さえもむしばみ、わが国の文化の実質をまことに脆弱なものにしています。単なる博識以上の根強い思索力・判断力、および確かな技術にささえられた教養を必要とする日本の将来にとって、これは真剣に憂慮されなければならない事態であるといわなければなりません。

わたしたちの「講談社現代新書」は、この事態の克服を意図して計画されたものです。これによってわたしたちは、講壇からの天下りでもなく、単なる解説書でもない、もっぱら万人の魂に生ずる初発的かつ根本的な問題をとらえ、掘り起こし、手引きし、しかも最新の知識への展望を万人に確立させる書物を、新しく世の中に送り出したいと念願しています。

わたしたちは、創業以来民衆を対象とする啓蒙の仕事に専心してきた講談社にとって、これこそもっともふさわしい課題であり、伝統ある出版社としての義務でもあると考えているのです。

**一九六四年四月　野間省一**